한 걸음씩 따라 하는
NFT 아트

글·그림 **루미블루**

글과 그림을 통해 생각하는 바를 표현하는 크리에이터. 아트와 기술에 관심이 많습니다. 한국에서 디자인과 마케팅을 전공했고, 영국에서 서비스 디자이너로 일하고 있습니다.

브런치 https://brunch.co.kr/@rumierumie
트위터 https://twitter.com/blue_rumie
인스타그램 https://www.instagram.com/rumie.blue/
이메일 rumie.blue@gmail.com

한 걸음씩 따라 하는 NFT 아트

초판 1쇄 2022년 6월 1일

지은이 루미블루
발행인 한창훈
발행처 루비페이퍼

등록 2013년 11월 6일 제 385-2013-000053 호
주소 경기도 부천시 원미구 길주로 284 913호
전화 032 322 6754
팩스 031 8039 4526
홈페이지 www.RubyPaper.co.kr
ISBN 979-11-86710-79-1
바코드 9791186710791 13000

편집 석정아
디자인 이대범

이 책은 저작권법에 따라 보호받는 저작물이므로 무단 전재와 무단 복제를 금하며, 이 책 내용의 전부 또는 일부를 이용하려면 저작권자와 루비페이퍼의 서면 동의를 받아야 합니다.
책값은 뒤표지에 있습니다.
잘못된 책은 구입하신 곳에서 바꾸어 드립니다.

한 걸음씩 따라 하는 NFT 아트

글·그림
루미블루

루비페이퍼

차례

여는 글　　　　　　　　　006
이 책을 읽는 방법　　　　014

한 걸음
NFT 세계 입장하기　017

NFT 세계에 발을 들이려면　　　　019
NFT 세계에는 지갑이 필요하다　　　034
NFT 세계에도 자릿세가 있을까?　　047
NFT 새내기, 가상자산 거래소에 가다　058
잿밥에 관심이 없다면 거짓말　　　　068

두 걸음
디지털 아트와 만나기　079

NFT 새내기, 감히 예술을 하겠다고?　　081
이야기가 있는 NFT 작품 만들기　　　　093
디지털 드로잉 도구를 정해보자　　　　106
내 손으로 직접 NFT 민팅하기　　　　　118
제너레이티브 아트를 아시나요?　　　　143

세 걸음
나의 NFT 작품 홍보하기 　151

부캐로 커뮤니티 활동하기　153
NFT 크리에이터 친구만들기　164
메타버스와 피지컬 전시준비하기　177
NFT 플랫폼, 어디까지 가봤나요?　188
NFT 새내기는 해피엔딩을 맞이할까?　201

점프하기
메타버스로 가자!　215

메타버스에서 컬렉터를 만나다　217
NFT 그 너머, 메타버스로 가는 길　228
NFT 새내기의 여정을 되돌아보며　242

닫는 글　250

여는 글

누구나 한 번씩 예술가가 됩니다. 자기만의 이야기를 작품으로 만들어내는 과정이 예술이라고 생각해요. 그런데 왜 항상 예술가의 길은 배고플 것 같을까요? 이야기가 담긴 작품의 가치를 알아주는 시장을 찾는 크리에이터들에게 NFT 세계로 함께 떠나자고 제안하려고 합니다. 블록체인, 민팅, 어렵게만 느껴지는 NFT 세계. NFT 개념과 용어, 디지털 드로잉 작업, 그리고 작품 거래를 하나씩 경험하면서 겪은 실수담과 성공담을 전합니다. 예술과 NFT에 대한 배경지식이 없어도 괜찮아요. 쉽게 따라 하면서 함께 시작해봐요.

2021년 3월, 예술과 기술이 접목된 NFT 아트에 관심이 생겨서 혼자 이리 박고 저리 박으며 NFT를 직접 경험해 보았습니다. 정보를 하나씩 찾으면서 고생하다가, 다른 사람들이 좀 더 쉽게 NFT 크리에이터가 되었으면 좋겠다는 생각에 <한 걸음씩 따라 하는 NFT 아트>라는 브런치북을 출간해서 NFT에 대한 경험과 지식을 공유했습니다. 아무것도 모르고 시작한 NFT 아트였는데, 꾸준히 다양한 활동을 하다 보니 어느새 전시에 제 NFT 작품을 총 8회 출품하게 되었습니다. 런던, 파리, 뉴욕, 서울 그리고 메타버스에까지요!

지금은 한국 NFT 커뮤니티와 함께 NFT 크리에이터로서 활동 중이며, 빠르게 변하는 NFT 세계의 소식을 브런치 매거진 〈한 걸음 더 나아가는 NFT 아트〉에 연재하고 있습니다. 많은 사람들이 NFT의 개념을 이해하고, 자신감 있게 NFT 크리에이터로 활동하길 바라며 이 책을 썼습니다.

새로이 NFT 세계에 발을 디디는 크리에이터에게 보내는 응원의 말

"여러분은 용기 있는 크리에이터입니다"

처음 뵙겠습니다, 여러분. 지금 이 책을 읽으시는 여러분은 여러 가지 형태로 자신만의 무언가를 표현하고 있습니다. 글이든 그림이든, 사진이나 음악, 또는 영상으로 작품을 만들고 있는 여러분을 크리에이터라고 부르겠습니다. '에이, 그냥 취미로 하는 건데 무슨 크리에이터…'라고 생각하고 있다면 수줍어하지 마세요. 지금까지 작품을 세상에 선보이지 않았거나, 선뜻 용기가 나지 않아서 시도하지 못했던 크리에이터라면 꼭! 자신의 가능성을 믿고 NFT 작품 활동에 도전해 보세요.

NFT 세계에서 모든 크리에이터의 출발선은 같습니다. 예술 전공자가 아니어도, 작품 활동 경험이 전혀 없어도, 그래도 괜찮습니다. 가장 중요한 준비물은 자신을 믿고, 실행에 옮기는 용기라고 생각해요. 부끄러워서 미처 남에게 보이지 못했던 나만의 크리에이티비티 creativity를 당당히 뽐낼 수 있도록, NFT 아트 시장의 문은 활짝 열려 있습니다.

생소한 용어와 이해하기 어려운 기술 때문에 주저하고 있나요? 사실 제가 그랬습니다. 한 단어도 못 알아듣겠더라고요! 그래서 혼자 검색하면서 NFT 세계에 들어가봤습니다. 실수도 많이 했지만, 실수를 했기 때문에 배울 수 있는 것도 있었어요. 조금 어려워 보여도 실수를 두려워 말고 도전하세요. 한 걸음씩 따라 하다 보면 금세 NFT 세계의 자유로움과 재미를 즐길 수 있게 된답니다. 용기 내어 한발 한발 여러분만의 속도로 시작해봐요.

브런치 독자들에게 보내는 감사의 글

〈한 걸음씩 따라 하는 NFT 아트〉와 〈NFT 아트 한 걸음 더 나아가기〉 브런치북과 매거진이 발행될 때마다 읽어주시고, 좋아요를 꾸욱 눌러주신 독자 여러분 정말 감사합니다.

NFT 세계가 워낙 빠르게 성장하다 보니, 그 사이 NFT 마켓플레이스 플랫폼의 UI와 정책도 바뀌어서 브런치북을 집필할 당시에 제가 기록한 것들과 달라졌습니다. 이번에 출간한 〈한 걸음씩 따라 하는 NFT 아트〉는 최근의 정보를 바탕으로 글을 수정하거나 새로 작성했습니다.

책을 집필하면서 최신의 정보를 담으려고 계속 검토하고 수정했습니다. 덧붙여, 앞으로도 새롭고 신선한 경험을 계속 브런치를 통해 소개드리겠습니다.

작가로서의 경험을 담아 솔직 담백하게 써 내려간 이 글은 쉽게 읽히지만 동시에 연필로 한 글자 한 글자 꾹꾹 눌러쓴 것과 같은 진심의 무게를 담고 있다. 이 책이 NFT를 시작하는 아티스트들에게 따뜻한 길잡이가 되어주리라 믿는다.
/ 모준석, 조형예술가 @JunseokMO

국내에 NFT에 대한 정보가 전무할 때 함께 전우처럼 겪고 헤쳐왔던 루미블루 작가님이 따뜻한 마음으로 이렇게 도움이 되는 책을 만드셨다니 응원드립니다.
/ 야요 YAYO

NFT아트에 대해 자세한 도서가 많이 없는 지금, 초기 한국의 NFT씬에서 같이 활동하면서 많은 것을 경험하신 루미블루 님의 책이 출판되어 기쁩니다!
/ 레이레이 LAYLAY

루미블루 님의 책을 읽는 독자님이라면 이미 NFT의 시작 단계이십니다. 많은 고민보다는 실행이 중요합니다. 자 이제 렛츠 고~
/ 킹비트, 클하NFT파운더, @parkyoungbum

늘 푸르른 루미블루 작가님 출판을 진심으로 축하드립니다! 작가님만의 귀여운 캐릭터와 쉽고 재미있게 풀어주시는 이야기, 밝고 예쁜 에너지로 NFT 입문자분들의 마음까지 보듬어주실 작가님의 책 너무 너무 기대됩니다.
/ 김진아 ShinyTiger, 문화 콘텐츠 기획, NFT아티스트 @byshinytiger

사람들에게 NFT에 대해 설명하기 어려운 이유는 가시적이지 않기 때문입니다. NFT를 시작하고 싶어도 뜬구름처럼 두루뭉실하고, 인터넷에는 정보가 과하게 흘러 넘쳐서 어느 길이 옳은 길인지 제대로 알기 어려울 때가 있습니다. 루미 작가님이 NFT 아트를 처음 접하면서 겪은 어려움과 직접 극복한 경험을 솔직하고 꼼꼼하게 담았습니다. 스토리가 있는 NFT 아트를 시작하는 방법, 다양한 플랫폼 소개 그리고 공모전 및 전시 경험까지 초보자는 물론 이미 NFT에 입문한 사람들까지 고개를 끄덕일 만큼 공감 가고 유익한 책이라 생각합니다. 이제는 그림뿐 아니라 글로도 사람들의 마음을 보듬어 주시는 루미블루 작가님의 한 걸음씩 따라 하는 NFT 아트! 기대가 됩니다.
/ Estelle SO, NFT & Visual Artist, @estelleso_art

NFT아트에 다가가고 싶지만 호기심과 두려움이 공존하는 눈빛으로 바라보기만 하는 사람들에게 권하고픈 책입니다. 선뜻 용기내 한 걸음씩 내디딜 수 있도록 루미블루의 글이 인도해줄 거예요.
/ 민지 Art & Tech Communicator Minji

그녀의 설명을 조곤조곤 들으며 따라가다 보면 어느새 어렵게만 보였던 NFT의 여정 마지막에서 뒤를 돌아보며 웃음을 짓고 있는 자신을 확인할 수 있습니다. NFT 가이드북 중에서 가장 다정한 책.
/ Grida, NFT curator, Meta verse art director, Crypto artist @bygrida

NFT를 통한 진정성 있는 창작 활동에 진심이신 루미님의 책 출간을 축하드립니다. 이 책을 통해 보다 많은 분들이 NFT와 가까워지고, 또 NFT가 약속하는 '창작의 자유'와 '기회의 다양성'을 체험하게 되실 거라 확신합니다.
/ 성소라, NFT 사업가 및 저자 @sorah_seong

세상의 다양성을 품는 루미블루의 따뜻한 시선으로 본 NFT. 타국의 커리어우먼이자 행복한 다문화 가정을 꾸려가고 있는 작가로서 초심자에게는 차갑고 정신없이 느껴지는 NFT 세상을 따스하고 쉽게 풀어냅니다. 루미블루 작가님의 문장들을 차근차근 쫓아가보시길 바랍니다. '과연 도전할 만하군!'
/ Joyjo, 추상화가, 보컬리스트, NFT 컬렉터 @artist.joyjo

이 책에서 다루고 싶은 것

〈한 걸음씩 따라 하는 NFT 아트〉는 크리에이터들에게 용기를 주는 책입니다.

무작정 NFT 세계로 빠져들었던 저의 경험을 바탕으로 NFT 작품 등록부터 판매까지 크리에이터를 꿈꾸는 사람들이 한 걸음씩 따라 할 수 있도록 했습니다.

어떤 작품을 NFT로 만들고 싶은지 고민하는 시간, 디지털 드로잉을 하는 시간, NFT 세계관을 구축하는 시간 등… 여러분의 작품이 NFT가 되기까지 크리에이터에게 필요한 진짜 시간을 고려하여 집필했습니다. 특히, NFT라는 개념을 처음 들어보는 사람의 입장에서 지식을 습득하고, 실습하는 속도는 사람마다 다르기 때문에 스스로 속도를 조절하며 단계를 밟아갈 수 있도록 책으로 엮었습니다.

모르는 것도 있고, 답답한 상황도 생기지만, 모든 경험들이 배움의 일부라고 생각하고 NFT 크리에이터가 되어가는 여정을 함께 걸어 보아요.

이 책에서 다루지 않는 것

NFT 아트 시장이 이토록 많은 사람들의 관심을 받으며 빠르게 성장한 데는 어마어마한 가격에 달하는 NFT 작품 판매 사례를 보도한 미디어의 역할이 큽니다. NFT 아트는 암호화폐와 블록체인 기술, 그리고 예술이 접목된 아트 테크입니다. 기술과 예술 시장이 발전하면 그를 통한 투자에도 관심이 높아지기 마련이죠. 하지만 이 책을 읽는 독자 여러분은 NFT 아트를 오직 투자로 보는 관점을 잠시 내려 두었으면 좋겠습니다.

저는 NFT 아트 세계가 잠재적인 크리에이터들을 열린 시장으로 끌어오는 기회라고 생각하며, 크리에이터들이 스스로 건강한 NFT 아트 시장을 만들어가는 첫걸음을 돕고 싶어서 이 책을 쓰기 시작했습니다.

크리에이터로서 직접 작품을 제작하고, NFT를 민팅할 때의 느끼는 설렘을 느껴보는 일과 NFT라는 새로운 세계에서 자신만의 길을 만들어나가는 재미는 '투자' 이상의 의미를 지닌 소중한 경험입니다. 〈한 걸음씩 따라 하는 NFT 아트〉가 여러분께 자신만의 NFT 크리에이터로서의 길을 만들어가는 데 도움이 되길 바랍니다.

이 책을 읽는 방법

1. 자신만의 속도로 읽으세요

　유튜브에서 'x분만에 NFT 만들기' 같은 영상을 찾아보면 NFT를 금세 발행할 수 있습니다. 마치 3분 카레처럼 땡! 하고 NFT를 만들고, 몇 시간만에 백만장자가 될 것처럼 자극해요. 하지만 이 책은 느립니다. 크리에이터가 알아야 할 점, 주의할 점, 실수하기 쉬운 부분도 함께 알아가기 때문입니다. 크리에이터로서 어떤 작품을 NFT 세계에 소개하고 싶은지 고민하는 시간을 현실적으로 반영했습니다.

2. 왜 그럴지? 질문하고 검색해보세요

　NFT는 하늘에서 뚝 떨어진 외계인같이 생소한 존재입니다. 모든 정보를 이 책에 담을 수는 없지만, 적어도 어떤 단어로 검색을 시작해야 할지 그 시작점에 설 수 있게 했습니다. 더 많이 검색하고 정보를 이해할수록, 새로운 기획과 전략을 세울 수 있는 기회도 찾아온다고 생각해요. NFT 크리에이터가 되는 과정에서 질문을 하는 만큼, 더 창의적이고 기발한 작품 활동에 도움이 된다는 점을 꼭 기억해주세요.

3. 책에 나온 방법과 다르게 해보세요

　NFT 세계에는 작품 활동을 비롯하여 판매 전략, 홍보 방법, 컬래버레이션 기획 등 무척 다양한 활동이 매일 새롭게 생겨나고 있습니다. 저는 영국에서 직장 생활을 하고 있다 보니 활동할 수 있는 시간이나 공간의 제약이 있었지만, 여러 시도를 통해서 저에게 맞는 활동 범위를 찾았습니다. 이 책을 읽는 NFT 새내기 여러분도 각자 주어진 시간과 조건 내에서 하나씩 시작하셨으면 좋겠습니다. 색다른 방법, 더 좋은 방법을 찾아내 엄청난 속도로 성장하는 NFT 새내기 크리에이터들을 보고 싶습니다!

4. 다른 크리에이터들과 함께 도전해보세요

　NFT 세계는 커뮤니티를 빼놓고 이야기할 수 없을 만큼, 다른 크리에이터들과의 관계 형성과 그룹 활동이 큰 비중을 차지합니다. 저는 2021년 3월에 혼자 NFT 세계에 입장했지만, 여러 정보를 습득하고 공부하는 과정에서 커뮤니티를 만나 더욱 빠르게 성장할 수 있었습니다. 혹시 주변에 NFT에 대해 궁금해하는 친구가 있나요? 그렇다면 NFT 세계로 함께 걸어가는 것을 추천합니다. 같이 다니면 더 재미있고, 더 빠르게 NFT 세계에 빠져들 수 있을 거예요.

5. 크리에이터와 작품 보호하기

나에게는 생소한 것이 다른 이에게는 벌써 익숙하고, 너무 익숙한 나머지 기술적으로 그것을 악용하는 사람도 생겨납니다. 특히 블록체인 기술에 익숙하지 않은 새내기를 대상으로 사기 행각을 벌이는 사례도 적지 않아요. NFT 새내기로 활동하다 보면 커뮤니티와 주변 사람들에게 모르는 것을 물어보기도 하고, 때때로 도움을 받는 일도 생기겠죠? 하지만 꼭! 보안에 주의하시기 바랍니다. NFT 세계는 블록체인을 통한 투명성과 원작자의 권리를 보호할 수 있다는 장점이 있지만, 동시에 개인 정보와 보안 관리가 허술하면 모든 작품과 자산을 잃을 수도 있습니다. 주의 사항 또는 알아두어야 할 부분이 있다면 이 책을 통해 상기시켜 드리겠습니다.

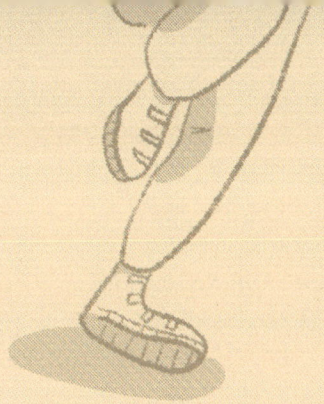

한 걸음

◆

NFT 세계 입장하기

시작이 반이라고 했다.
우선 NFT는 무엇인지, 어떤 준비물을 가지고
첫걸음을 떼야 할지 알아보자.

이 장에서 다루는 내용

1. **NFT** 세계에 발을 들이려면
2. **NFT** 세계에는 지갑이 필요하다
3. **NFT** 세계에도 자릿세가 있을까?
4. **NFT** 새내기, 가상화폐거래소에 가다
5. 잿밥에 관심이 없다면 거짓말

NFT 세계에
발을 들이려면

NFT 새내기 Day 1. 새로운 경험을 앞두고 있어서인지 기분이 산뜻하다. 새내기의 여정은 어디서부터 시작해야 할까?

우선 NFT가 무엇인지 정의해보려고 인터넷에 NFT를 검색했다. 우와! 무슨 말인지 하나도 모르겠다. 일단 개념부터 이해해보자.

NFT는 '가상자산'이다.

NFT는 대체 불가능 토큰Non-Fungible Token의 약자이다. 몇 차례 검색을 통해 정리해보니, NFT는 디지털 자산에 블록체인 기술을 결합하여 디지털 자산의 고유성과 희소성을 인증하는 토큰이라고 한다.

음… 뭐라고요?

조금 더 쉽게 이해하기 위해서 우리가 알고 있는 것에 빗대어 예를 들어보자.

<TV쇼 진품명품>은 전문 감정사가 유물을 감정하는 프로그램이다. 감정사는 의뢰인이 소유한 유물이 진품인지 위작인지를 분석하고, 진품이라면 유물의 소유자에게 이를 인증해준다. 해당 유물의 가치를 화폐로 전환하여 추정 가격도 알려준다.

누군가 도자기를 들고 <TV쇼 진품명품>에 나왔다고 생각해보자. 감정사가 분석했을 때 도자기가 진품이면 인증서를 발급해준다. 이 인증서처럼 디지털 자산이 진품인지를 인증해주는 것이 바로 NFT이다. 블록체인 기술을 이용해서 언제, 누가 작품을 발행했는지 등 자세한 정보를 토큰화해서 디지털 자산이 세상에 하나밖에 없는 가상 자산임을 인증한다.

세상에 단 하나뿐인 도자기의 소유권을 이전하고 싶다면 일대일 거래 또는 경매를 통해 발표된 감정가만큼 현금을 받고 도자기를 판매할 수 있다. NFT도 비슷한 방식으로 거래한다. 내 NFT를 가지고 싶어하는 사람에게 원하는 만큼 현금 또는 암호화폐를 받고 토큰의 소유권을 넘기면 된다.

디지털 자산의 고유성을 유지해주는 이더리움 기반 블록체인 기술

도자기는 *피지컬 작품physical art 이기 때문에 소유권, 고유성 등을 물리적으로 인증할 수 있지만 디지털 자산은 인증이 어렵다. 디지털 자산은 쉽게 복제 가능하다는 치명적인 약점이 있기 때문이다. 진품을 구별하기 위해 작가가 작품에 친필 사인을 해도, 친필 사인까지 복제되므로 무엇이 진품이고, 무엇이 복제인지 구별하기 어렵다.

디지털 파일을 복제하는 것은 가능하더라도, NFT를 복제할 수는 없다. 자산의 소유자, 거래 정보와 시간이 각인되어 동일한 토큰이 하나 이상 존재할 수 없도록 설계되었기에, NFT로 발행한 작품은 고유성과 소유권이 증명된다.

대부분 NFT는 이더리움Ethereum 기반 블록체인을 사용한다. 이더

---

* **피지컬 작품(physical art, 물리적 작품)**: 피지컬 작품은 물리적인 재질과 형태를 가지고 있는 작품으로, 디지털 작품의 반대개념으로 이해할 수 있다.

리움은 *'이더ETH'라는 암호화폐의 송금을 기록하고, **'스마트 컨트랙트smart contract'를 구현하기 위한 플랫폼이다.

우리가 NFT라고 부르는 토큰은 이더리움 기반의 블록체인 기술을 사용하여 발행한 여러 토큰 중에서도 ERC-721 토큰을 말한다.

> ### ERC-721, 로봇 이름인가?
>
> ERC는 Ethereum Request for Comment의 약자다. 이더리움 네트워크는 토큰을 발행할 때 다양한 프로토콜을 사용하는데, 어떤 프로토콜을 사용했는지 구분하기 위해 번호를 붙인다. NFT는 다양한 프로토콜 중 '대체 불가 토큰'인 ERC-721 표준으로 발행된 토큰이다.
>
> ERC를 검색해보면, ERC-1155, ERC-20 등 다양한 알트코인Altcoin, Alternative coin과 더 많은 'ERC' 시리즈를 찾을 수 있다. 그리고 정신이 안드로메다로 빠져드는 경험을 하게 된다. 더 넓고 깊이 알면 좋겠지만, 지금은 ERC-721이 NFT라는 것을 이해했다는 데에 만족하기로했다.

디지털 자산에 고유한 아이디를 부여하고, 파일의 메타데이터metadata와 거래 내역까지 투명하게 담을 수 있는 '스마트 컨트랙트' 덕분에 NFT는 디지털 자산의 약점을 보완할 수 있게 되었다. 진품을 구

★ **이더(ETH)**: 암호화폐의 일종

★★ **스마트 컨트랙트(smart contract)**: 블록체인 기술을 통해 NFT 작품의 소유권을 증명하거나 양도를 자동화하는 시스템

별할 수 있다는 장점 때문에 NFT는 예술 작품의 고유성을 인증하는 강력한 수단으로 떠오르는 중이다.

디지털 자산이 계속 복제되더라도, NFT로 발행한 진짜 작품의 가치가 훼손되지 않는다니! 마치 누구나 다빈치의 〈모나리자〉를 찍은 사진을 다운로드해서 소유할 수 있지만 진짜 〈모나리자〉의 가치는 훼손되지 않는 것처럼, 디지털 작품의 가치를 보호받을 수 있는 기술이 등장한 것이다.

NFT의 강점을 이용해서 디지털 아트는 빠른 속도로 대중에게 다가오고 있다. 디지털 아트 작업을 하는 크리에이터creator나, 작품을 구매한 컬렉터collector가 너나 할 것 없이 소셜 미디어에 NFT 작품을 공개하는 모습을 쉽게 찾아볼 수 있다.

지금까지는 작품을 보물처럼 소중히 모셔두고 한정적으로 공개하는 방식으로 작품의 고유성과 희소성을 유지해왔다면, NFT는 기존의 예술 작품들과는 다르게 적극적으로 사람들 앞에 모습을 드러내고 있다.

디지털 아트 시장에서 환영받는 NFT,
황금 알을 낳는 거위일까?

NFT는 '고유한 가치'를 가진 가상자산이다

디지털 자산의 소유권과 고유성을 인증할 수 있다는 특징 덕분에 다양한 분야에서 NFT의 활용도가 점점 더 높아지고 있다. 가수 더 위켄드The Weeknd가 새로운 음원을 NFT로 공개했고, 스포츠 선수의 사인이 담긴 카드도 등장했다.

이 책에서 종종 편의를 위해 'NFT 아트'를 줄여서 'NFT'라고 표현하는 경우가 있지만, NFT는 NFT 아트보다 넓은 개념이다. 꼭 미술 작품이 아니더라도 작품의 가치가 고유하다면 어떤 디지털 파일이라도 NFT로 만들 수 있다. 음악, 사진, 그리고 애니메이션까지, 디지털 파일 형식으로 된 '대체 불가능한' 즉, 고유한 자산을 토큰token으로 *주조한mint 것이 NFT이다.

그렇다면 비트코인, 도지코인 등 우리가 알고 있는 암호화폐와 NFT의 차이는 무엇일까? '대체 불가능'이라는 말 그대로 NFT의 가장 큰 가치는 고유성이다.

우리가 흔히 '코인'이라고 부르는 암호화폐는 다른 화폐와 비교하여 동등한 가치를 가진 만큼 교환이 가능한 토큰이다. 마치 동일한 가치의 한국 원화와 영국 파운드를 교환하여 환전할 수 있는 것처럼 말이다. 그러나 NFT는 자기 자신 이외에 동일한 대상이 없으므로 어떤

---

* **주조하다**: 녹인 쇠붙이를 거푸집에 넣어 화폐나 물건을 찍어내다. 각 파일을 토큰으로 주조한다는 의미로 NFT 세계에서 사용하는 단어. 영어로는 '민팅(minting)'이라고 한다.

것과도 가치를 비교할 수 없다.

어떤 용어가 맞을까? 암호화폐, 가상화폐, 그리고 가상자산

뉴스나 신문에서는 비트코인이나 도지코인 등을 가상화폐virtual currency 또는 암호화폐cryptocurrency라고 부른다. 여러 이름이 혼용되고 있어서, NFT 세계에 들어가기 위해 소중한 첫걸음을 떼는 크리에이터 독자분들을 위해 보다 올바른 용어를 사용하고자, 용어에 대해 좀 더 자세히 알아보았다. 특금법은 가상화폐와 암호화폐를 통틀어 '가상자산'이라고 명명한다.

> **특정금융거래법(특금법) 제2조 제3호**
> 가상자산이란, '경제적 가치를 지닌 것으로서 전자적으로 거래 또는 이전될 수 있는 전자적 증표(그에 관한 일체의 관리를 포함한다)'를 말한다.

즉, 비트코인이나 이더리움 같은 일명 '코인'뿐만 아니라 이후 기술 발전으로 발명된(또는 발명될) 다른 형태의 화폐도 모두 가상자산이라는 것이다. 바로 이 지점에서 'NFT가 가상자산인지' 여부는 정해지지 않은 상태이다.

법과 규정이 현실을 따라 오지 못할 만큼 NFT 세계는 빠르게 성장하고 있다. 아직 확실한 법적 정의가 없는 관계로 이 책에서는 NFT를 **'가상자산'**이라고 하고, 이더리움, 클레이 등 화폐처럼 쓰이는 가상자산은 직관적인 설명을 위해 **'암호화폐'**라는 단어를 혼용하기로 했다.

- **가상자산**: 암호화폐와 NFT를 통틀어 경제적 가치를 지닌 모든 전자적 자산.
- **암호화폐**: 이더리움, 클레이 등 블록체인 기술을 기반으로 고안된 양도 및 교환 가능한 자산.

손으로 그린 그림도 NFT 아트가 될 수 있을까?

나는 스케치북에 그림 그리는 것을 좋아한다. NFT를 발행하려면 디지털화된 작품이 필요할 것 같은데, 지금까지 스케치북에 그린 그림도 NFT로 거래할 수 있을까?

답은? 할 수 있다!

NFT 커뮤니티와 클럽하우스Clubhouse 같은 소셜 미디어 플랫폼에서 비슷한 고민을 하고 있는 크리에이터들을 만날 수 있었다. 캔버스에 물감으로 피지컬 작품을 구현하는 크리에이터들은 수작업한 작품을 스캔하거나 고해상도로 촬영한 후, 디지털 파일을 NFT로 발행한다고 한다.

즉, 종이에 그린 그림도 디지털상에 옮기면 NFT로 재탄생할 수 있다. 팬데믹pandemic 때문에 2020년부터 가상 갤러리를 운영하는 곳도 많아지다 보니, 작품을 고해상도로 스캔하거나 영상으로 촬영할 수 있는 곳도 많아졌다고 한다. 이번 기회에 애정하는 피지컬 작품을 디지털화하여 NFT로 만드는 것도 고려해보자.

하나의 작품을 피지컬과 디지털 형태로 동시에 소유하고 있는 크리에이터라면, 소유권을 다른 컬렉터에게 이전할 때 피지컬 작품을 어떻게 관리할지 미리 고민해두어야 한다. 컬렉터가 NFT 아트를 구매할 때 크리에이터가 피지컬 작품을 함께 선물하는 사례도 있지만, 꼭 그렇게 해야 한다는 법이나 규칙은 없기 때문이다. 게다가, 작품의 크기가 너무 커서 배송하기 어렵다거나 하는 등의 변수도 생각해야 한다.

크리에이터는 스스로 자신만의 기준을 만들어 지키며 작품들을 관리해야 한다. 합리적인 방침이 지켜지고, 크리에이터와 컬렉터 사이에 투명한 관계가 유지되어야 미래에 더 많은 작품 거래 기회를 만날 수 있지 않을까?

피지컬 작품이 없어도 괜찮아

내 NFT 작품이 하나둘 판매되던 때였다. 트위터에서 작품에 관심을 가지는 사람을 만났다. 그는 NFT를 구매하면 피지컬 작품도 함께 배송해 줄 수 있냐고 물었다.

나의 작품에 관심을 가져준다는 사실이 너무 기뻤다. 신이 나서 NFT 작품들은 모두 디지털 툴로 작업했다고 답했다. 그랬더니… 갑자기 뚝! 메시지가 끊겼다.

피지컬 작품이 없어서 실망한 걸까? 그냥 생각이 달라진 걸까? 답이 없는 사람에게 더 이상 물어볼 수는 없었지만, 한껏 설렘으로 부풀었던 마음이 바람 빠진 풍선처럼 쪼그라들었다. 한동안 그냥 손으로 그렸던 그림으로 NFT를 만들어야 할까, 디지털 작업을 계속 하는게 좋을까, 고민을 많이 했다.

정말 다행히도, 나중에 만난 컬렉터가 디지털 작품임에도 피지컬 작품처럼 다채로운 색 표현이 마음에 들었다고 말해준 덕분에 겨우 울적함에서 벗어날 수 있었다.

작품이 물리적인지, 순수 디지털인지가 NFT 아트의 기준에 영향을 얼마나 끼치는지는 모르겠다. 크리에이터의 메시지를 가장 잘 전달할 수 있는 형식으로 꿋꿋이 자신의 신념을 지켰으면 좋겠다. 진심이 담긴 창작물은 반드시, 좋은 컬렉터와 인연을 맺을 테니까!

방귀 소리를 팔았다고?

영화감독 알렉스 라미레스 말리스Alex Ramírez-Mallis가 50분이 넘는 방귀 소리를 마스터 컬렉션으로 등록하고 50만 원가량에 판매했다는 기사를 봤다.

NFT는 진짜 황금 알을 낳는 거위일까? 방귀 소리까지 사고파는 세계라니, 귀가 솔깃하다. 재테크에 까막눈인 나에게 거위가 날아오는 것만 같다. 그런데 기사를 끝까지 읽어보니, 알렉스는 NFT의 거품을 풍자하기 위해 마스터 컬렉션을 만들었다고 한다. 지금의 과열된 NFT 경매시장을 비판하기 위해서 벌인 일이라는 거다.

NFT 시장이 거품이고, NFT가 예술 작품의 가치를 부풀리는 행위를 부추긴다는 비판적인 글을 읽다 보니, 스크롤이 멈칫했다. 크리에이터와 작품을 대중에게 더 널리 알리고, 동시에 작품의 고유한 가치까지 기술적으로 인증할 수 있다는 장점만 듣다가, NFT의 어두운 이면을 본 것 같았기 때문이다.

혼자 끙끙대면서 고민하던 중에 NFT 작품 활동을 활발히 하고 있는 미스터 미상Mr.Misang 님의 인터뷰를 읽었다. NFT 거래 플랫폼 슈퍼레어에 한국 최초로 자신의 디지털 아트를 판매한 NFT 크리에이터, 미스터 미상은 그를 NFT 시장에 뛰어들게 한 NFT의 매력이 '창작자가 세계관을 창조해서 연재할 수 있다는 잠재력'이라고 말했다.

미스터 미상 작가님의 작품에는 익숙함과 낯섦이 모두 담겨있다. 출퇴근 시간 미어터지는 지하철이라든지, 모두 똑같은 양복 차림의

NFT 아트… 도전해도 되는 겁니까?

사람들이라든지, 현실을 반영하고 있으면서도 그 안에 이더리움 같은 낯선 존재가 공존한다. 크리에이터만의 세계관으로 재해석한 세계는 이렇게 구현되는구나…

이거… 재미있는데?

갑자기 뇌 신경이 찌리릿~! 신호를 보냈다. 그래, 나도 나만의 세계관을 도입해서 이야기를 만들어봐야지.

NFT 새내기는 새내기답게, 순수한 호기심으로 가자

'예술가는 배고프다.' 예술가에게 흔히 따라 붙는 수식어다. 그러나 NFT 세계에서는 기술의 발전이 예술 작품의 가치를 보호해 줄 뿐만 아니라, 예술가가 정당한 대가를 받을 수 있는 기회를 제공한다.

NFT를 통해 자신만의 세계관을 작품으로 소개하는 또 하나의 가능성이 열렸다. 고민 끝에 나는 NFT의 트렌드를 긍정적인 시선으로 바라보기로 했다. 그리고 NFT 세계에 처음으로 발을 들이는 새내기답게, 하나씩 배우면서 나만의 세계관을 만들고 이야기를 풀어가려고 한다.

일확천금, 어마어마한 경매 가격. 자극적이고 매력적인 뉴스가 매일 쏟아져 나오는 NFT 세계. 그 속에서 길을 잃지 않고 순수한 호기심으로 시작하는 NFT 새내기의 초심을 지키면서 하나씩 준비해 볼 거다. 걱정 반, 호기심 반으로 NFT 크리에이터가 될 준비를 하고 있는 사람들 모두 시작할 때의 그 마음을 잃지 않길 바란다!

이상한 나라에 뚝 떨어진 앨리스가 된 기분으로
탐험하는 NFT 세계.

솔직히 아직도 NFT가 무엇인지 잘 모르겠다면? 걱정하지 말자. 용어와 이론을 하나씩 배우며 직접 도전해보면 어느새 NFT 세계를 자신있게 탐험할 수 있을 거다.

이제 NFT에 대한 개념과 정의를 알아보았는데, 다음은 무엇을 준비해야 할까? 어딘가에 회원 가입을 해야 하나?

NFT 세계에는
지갑이 필요하다

　　　　　　　　NFT와 가상자산의 개념과 정의를 나름대로 이해해보았다면, 이제 본격적으로 NFT 세계로 떠나보자…고 기합을 잔뜩 넣었는데, 음? 그 다음엔 뭘 해야 하는지 모르겠다.

　뉴스와 기사만 읽다가 그 다음 순서가 턱 막혀버렸다. 혹시 NFT 크리에이터들이 작품을 파는 NFT 마켓플레이스 플랫폼에 일단 가보면 실마리가 잡힐까? 유명한 플랫폼을 기웃거리다 보면, 어떤 작품이 판매되는지, 가격은 어떤지, 플랫폼에서 작가 등록은 어떻게 하는지 알 수 있을 것 같다.

　그럼 우선 사람들이 제일 많이 몰리는 마켓플레이스 플랫폼을 찾아가보자!

NFT 마켓플레이스 플랫폼

마켓플레이스marketplace는 쉽게 말해 NFT를 사고파는 플랫폼이다. NFT 마켓플레이스 플랫폼은 아무나 작품 판매 등록을 할 수 있는 '오픈open' 플랫폼이 있고, 플랫폼의 심사 과정을 통해 작품 판매 자격 승인을 받아야 작품 판매를 할 수 있는 '큐레이션curation' 플랫폼이 있다.

* **오픈 플랫폼**: 오픈씨OpenSea, 라리블Rarible, 룩스레어LooksRare
* **큐레이션 플랫폼**: 슈퍼레어SuperRare, 니프티게이트웨이Nifty Gateway, 노운오리진Known Origin, 메이커스플레이스Makers Place 등

파운데이션Foundation은 큐레이션 플랫폼에 가깝지만, 초대장 또는 투표를 통해 판매 자격을 승인하는 색다른 시스템을 가지고 있다. 초대장은 이미 파운데이션 플랫폼에 판매 자격을 가지고 있는 크리에이터가 작품 판매를 했을 때 제공된다.

NFT 마켓플레이스 플랫폼마다 정책이 다르고, 계약 조건도 다르다. NFT 새내기라면 각 플랫폼의 장단점을 미리 조사해보고 가장 적합한 플랫폼을 선택하자!

북적대는 오픈 마켓플레이스 오픈씨

새로운 곳에 여행을 갔는데, 어디가 맛집인지 모르겠다면? 아버지가 주신 인생 팁, 맛집을 모를 때는 사람이 많은 곳으로 가랬다. 그래, 플랫폼도 똑같겠지? 요즘 가장 규모가 크다는 마켓플레이스 오픈씨 OpenSea를 찾아갔다.

https://opensea.io/

끝없이 스크롤을 내려도 새로운 NFT들이 계속 나오는 오픈씨. 소문처럼 사람이 많이 모이는 곳인가 보다. 그렇다면, 어디 한번 내 계정을 만들어볼까?

첫인사도 안 했는데, 지갑을 열라고?

오픈씨의 첫인상은 평범한 웹사이트다. 카드 형식으로 나열된 다양한 디지털 아트 작품들. 미술 작품을 거래하는 갤러리의 웹사이트와 비슷한데, 애니메이션이 들어간 작품이 많아서인지 스크롤을 내릴 때마다 작품이 현란하게 움직인다. 한참 작품들을 구경하다가 오늘의 미션을 잊을 뻔했다. 어디 보자, 계정account 메뉴를 찾아서 나의 계정을 후딱 만들어 볼까?

오픈씨 홈페이지 상단 우측, 사람 모양 아이콘이 [계정(account)]이다.

'웹사이트에서 내 계정 만드는 것쯤이야 식은 죽 먹기지!'라는 생각으로 자신 있게 [계정]을 눌렀다.

어라?

NFT 세계에는 지갑이 필요하다

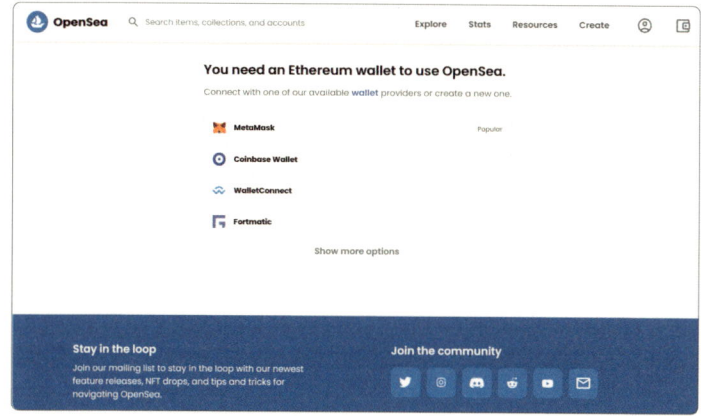

지갑이 필요하다구? 아이디와 패스워드를 만들고, 이메일 주소 확인 정도만 해도 쉽게 계정을 만들 수 있을 거라고 생각했는데 대뜸 지갑부터 달라고 하니까 당황스럽다. 통성명도 안 한 사이에 지갑을 보여달라니… 잠깐, 어떤 지갑을 말하는 거지? 제일 상단에 있는 *메타마스크MetaMask를 선택해봤다.

메타마스크, 지갑을 만들어보자

메타마스크는 가상자산을 관리할 수 있는 크립토 지갑crypto wallet이다. 모바일 앱이나, 웹브라우저 확장 프로그램으로 설치할 수 있다.

---

* **메타마스크(MetaMask)** : 귀여운 여우 가면 아이콘으로 소개된 메타마스크는 NFT를 거래하기 위해 암호화폐를 보관, 송금, 관리하는 소프트웨어 지갑이다. 이더리움 기반 토큰들은 메타마스크 지갑을 통해 편하게 관리할 수 있다.

나는 PC로 접속했기 때문에 따로 모바일 앱을 설치하지 않고 웹브라우저 확장 프로그램을 사용하기로 했다.

크롬 브라우저를 사용해 아래 주소를 입력하고 메타마스크를 다운로드하자.

https://metamask.io/

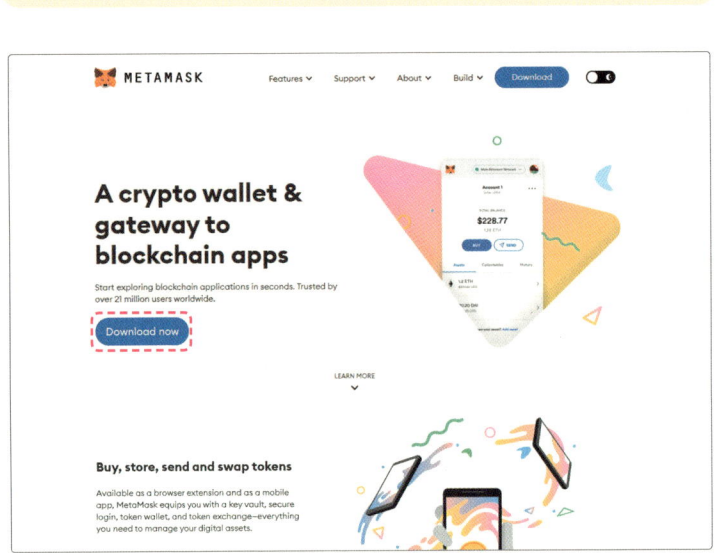

[다운로드Download]를 클릭해서 메타마스크 크롬 웹 확장 프로그램을 설치하자.

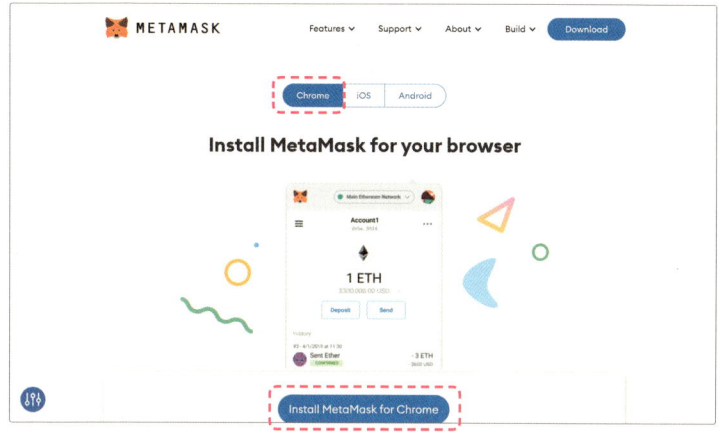

위 화면처럼 세 가지 설치 환경 중 [크롬Chrome] 을 선택하고 화면 하단의 [설치하기Install MetaMask for Chrome] 를 클릭하면 설치 완료!

모바일 환경이라면 운영체제에 따라 상단에서 iOS 또는 안드로이드Android 중 하나를 선택하고 마찬가지로 [설치하기] 버튼을 클릭하면 된다.

메타마스크 설치가 완료되면 화면에 커서를 따라 움직이는 여우 가면이 보이고, 그 아래 [시작하기Get Started] 를 볼 수 있다. 시작하기!

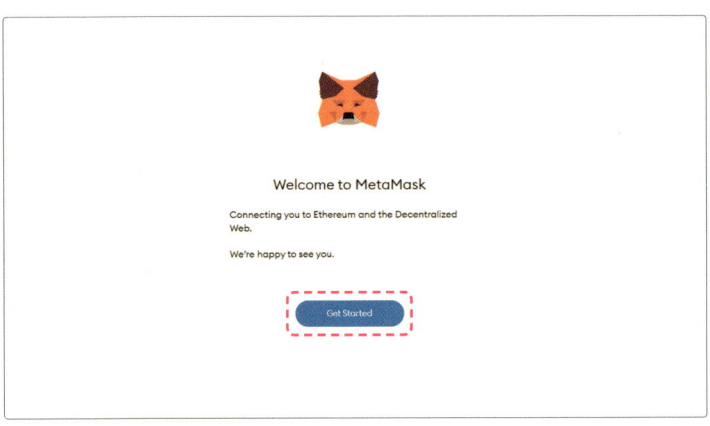

[시작하기]를 클릭하면, 다음과 같은 화면이 보인다. 우리는 메타마스크 지갑을 새로 만들어야 하므로, 오른쪽 상자의 [지갑 생성Create a Wallet]을 클릭한다.

[지갑 생성]을 누르면 개인 정보를 입력하고 회원 가입하는 화면이 나올 줄 알았는데, 비밀번호를 입력하는 창만 덩그러니 보인다. 희한하다, 아무런 개인 정보도 묻지 않는다. 하물며 비밀번호를 잊어버렸을 때 찾을 수 있도록 이메일 주소쯤은 물어봐야하는 것 아닌가? 머리를 갸우뚱거리면서 비밀번호를 정했다.

Create Password

New password (min 8 chars)

`•••••••••`

Confirm password

`•••••••••`

✓ I have read and agree to the Terms of Use

비밀번호는 8자 이상이라는 조건만 충족하면 간단하게 생성할 수 있다. 중요한 것은 보안이다. 비밀번호를 누구에게 알려주어서도 안 되고, 분실해서도 안 된다. 은행 계좌 비밀번호를 설정할 때 보안에 신경 쓰는 것처럼, 암호화폐도 안전하게 거래하기 위해서 정보를 나만 알 수 있도록 저장해야 한다.

은행은 개인 정보와 계좌를 통제하는 회사가 존재하니까 비밀번호를 잊어버려도 은행에 직접 방문하는 등 해결 방안이 있지만, 크립토 지갑은 상황이 다르다. 비밀번호를 잊어버리면 찾을 방도가 없다! 모든 것을 스스로 알아서 관리해야 자신의 정보와 자산을 보호할 수 있다.

백업 문구를 기억하자

메타마스크는 비밀번호 외의 보안 장치를 한 단계 더 요구한다. 바로 백업 문구backup phrase인데, 유저에게 제공하는 열두 개의 단어로 이루어진 고유한 문구이다. 메타마스크를 처음 만들 때, 각 유저는 모두 고유한 백업 문구를 받는다. 백업 문구는 컴퓨터를 포맷하더라도 내 지갑에 안전하게 접속할 수 있게 확인하는 역할을 한다.

비밀번호를 생성하면 메타마스크가 비밀 백업 문구secret backup phrase를 제공한다. 비밀번호를 생성할 때는 별다른 주의 사항이 없었는데, 백업 문구를 제공할 때는 무서운 경고문이 뜬다.

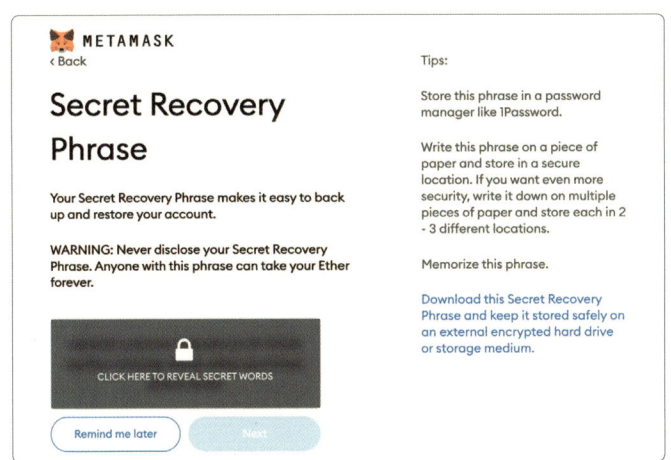

경고: 절대로 타인에게 당신의 백업 구문을 노출하지 마세요.
이 구문을 가지고 있는 사람이 당신의 이더를 영원히 소유할 수 있습니다.

WARNING: Never disclose your backup phrase.
Anyone with this phrase can take your Ether forever.

나중에 다른 디바이스를 통해 자신의 지갑에 접속해야 할 때나 해당 문구를 알고 있어야 찾을 수 있다고 하니까 꼭꼭 잘 기억해두어야겠다. 백업 문구를 종이에 적어 나만 볼 수 있는 곳에 잘 보관했다.

> 비밀번호: 사용자가 지정하는 8자리 암호
> 백업 문구: 메타마스크가 사용자에게 제공하는 열두 개의 단어.

주의! 비밀번호와 백업 문구를 절대로 타인에게 공개하거나, 분실하지 말 것!

계정이 만들어졌다?

지갑이 곧 계정인 건가? 지갑을 만들고 나니까, 모두 성공적으로 설정되었다고 축하하는 메시지가 나오더니 지갑 주소가 나타났다. 한 푼도 안 들어있는 메타마스크 지갑, 0ETH가 담긴 내 지갑이 드디어 만들어졌다.

이제 오픈씨 마켓플레이스 설정을 마쳐보자

한 바퀴 빙 돌아서 제자리로 돌아온 것 같다. 이제 지갑도 생겼겠다, 오픈씨 홈페이지에 돌아와서 당당하게 지갑 모양 아이콘을 클릭한다.

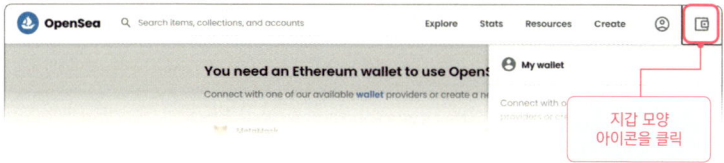

화면 오른쪽에 펼쳐진 창에서 [Metamask]를 선택한다.

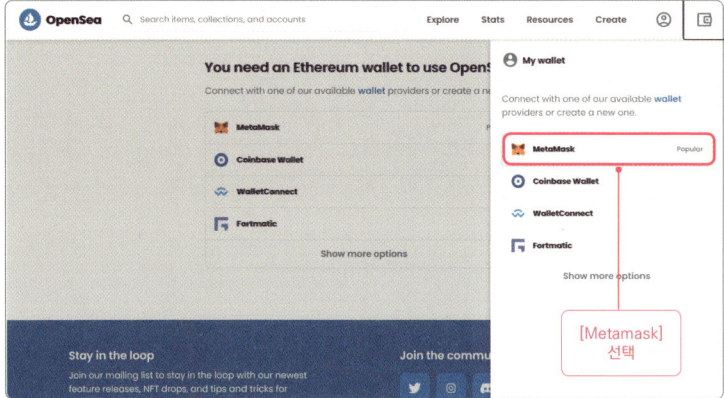

지갑을 만들 때 봤던 내 계정 번호가 보인다. [다음Next]을 누르고 [연결Connect] 하면 지갑과 오픈씨가 연결된다.

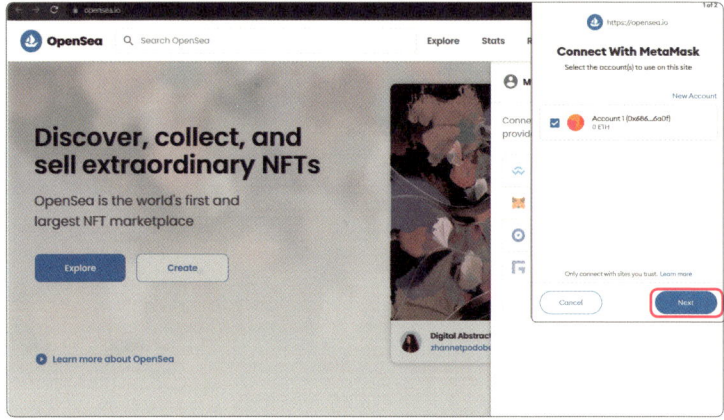

돌다리를 두들겨 보고도 못 건너는 새내기에게 NFT 세계는 쉽지 않다. 아주 짧은 순간이지만 피싱phishing에 걸려서 전 재산을 몽땅 털리는 NFT 새내기의 비참한 모노드라마를 본 것 같다.

지갑을 오픈씨에 연결하고 나니, 이제껏 벌벌 떨면서 지갑을 만들었던 과정이 우스울 만큼 간단하게 오픈씨 계정이 만들어졌다.

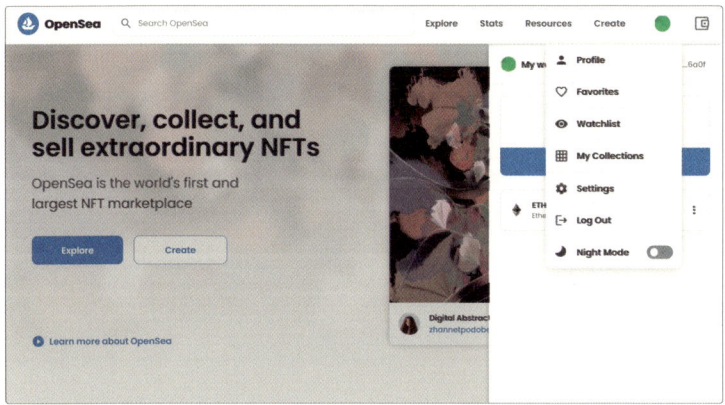

오픈씨 계정 만들기 총정리

1. 메타마스크 지갑을 만든다.

   - 크롬 확장 프로그램 추가
   - 8자 이상의 비밀번호 생성
   - 백업 문구를 잘 기억해둘 것!

2. 오픈씨와 메타마스크를 연결한다.

   - 오픈씨 홈페이지에서 주소 표시줄의 메타마스크 아이콘을 클릭

내 프로필이 생겼다!

못 먹어도 일단 가보자는 마음을 어떻게 알았는지, 프로필 이미지도 그린라이트다. 이제 마켓플레이스에 프로필이 생겼으니까 한 단계 더 앞으로 나가보자!

새 지갑이 생기면, 만 원이든 천 원이든 지폐를 넣어두어야 돈이 많이 들어온다는 말이 생각난다. 이더 한 푼 없는 내 지갑이 좀 불쌍해 보인다.

단 한 푼도 들어있지 않은 나의 지갑이 불쌍하기도 하고, 오픈씨에 NFT를 판매할 때 혹시 수수료 같은 것이 있을까 봐 걱정이 된다. 혹시 NFT 작품 판매를 할 때 비용이 들까? 만약 든다면 얼마나 필요할까?

NFT 세계에도 자릿세가 있을까?

메타마스크 지갑을 연결해서 오픈씨 계정을 만드는 것에 성공했지만, 뭔가 찜찜하다. 바로 수수료 때문이다. NFT를 황금 알 낳는 거위라고 생각했건만, 거위도 뭘 먹어야 알을 낳을 텐데…! 정신이 번쩍 들었다.

NFT 마켓플레이스도 뭔가 플랫폼을 통해 수익을 낼 구조를 만들어 두었을 것 같다. 크리에이터에게 비용을 요구하는지, 만약 비용이 든다면 왜 드는지 알아보자.

◆ 장사를 시작할땐 예산을 정하자

어딘가에 자리를 펴고 장사를 하려면, 누군가에게 자릿세를 냈던 것 같다.

2011년 프랑스에서 워킹홀리데이를 할 때 런던 코믹 이벤트에 부스를 신청한 적이 있었다. 틈틈이 그린 일러스트를 팔고 싶은데, 파리에서 열리는 코믹 이벤트에 참가하자니 언어가 부족해서 흥정이나 홍보를 못 할 것 같았다. 그래서 바로 옆 동네인 런던에서 열리는 코믹 이벤트에 참가해서 그림을 팔아보자는 생각이었다.

일러스트를 팔아서 그 돈으로 뭘 할까 김칫국을 마셨다. 얼마에 팔까, 환율은 어떻게 되나, 콧노래를 부르면서 용돈 벌 생각을 하다 그림을 팔기도 전에 참가 비용이 필요하다는 것을 깜빡했다. 그럼 그렇지, 크리에이터가 작품을 판매하려면 주최측에 자릿세를 내야 했다.

솔직히 부스 대여료를 지불하기 전에 잠시 망설였다. 참가 비용이 꽤 비쌌기 때문이다. 지출 비용을 최대한 아끼려고 이벤트 당일, 다른 부스에서 쓰고 남은 상자를 주워다 깔고 앉아서 일러스트를 팔았다.

일러스트를 몇 장 팔긴 했는데 수익은 부스 대여비를 겨우 만회할 만큼이었다. 재미있는 경험이었지만, 누군가에게 무언가 팔려면 자릿세도 내야 하고 자칫하면 자릿세 낸 만큼의 본전도 못 찾을 수 있다는 것을 깨달았다.

이제 막 첫발을 디딘 NFT 크리에이터라면 NFT 거래를 위한 초기 비용을 미리 알아보고, 스스로 예산을 정해두어야 한다. 가상자산은 외부의 영향에 따라 가치가 유동적이기 때문에 생각보다 많은 비용이 드는 경우가 있는데, 미리 예산을 정해두면 좀 더 계획적으로 지출할 수 있다.

가스비를 낸다고?

이더리움 네트워크를 사용해서 NFT 거래를 하면 수수료가 발생한다. 수수료는 가스비gas fee라고 부른다. 가스비는 NFT 작품 판매 등록, 경매 신청, 제안offer 수락 등 다양한 거래에서 발생한다.

자릿세를 아끼겠다고 박스를 깔고
앉았던 기억이 되살아난다···

가스비는 이더리움 네트워크 사용량이 얼마나 많은지에 따라 변한다. 네트워크 사용량은 시시각각으로 변하기 때문에 눈치 게임이 중요하다. 네트워크를 사용하는 사람이 많으면 거래를 처리하는 속도가 느려진다. 만일 네트워크 사용량이 많더라도 신속하게 거래 요청을 처리하고 싶다면, 더 비싼 가스비를 내고 속도를 유지하는 방법이 있다. 운이 나쁘면 NFT 작품 가격보다 더 비싼 가스비를 내고 거래를 해야 하는 황당한 일도 생긴다.

전기세, 수도세 등을 내 본 적은 있지만,
가상자산 거래를 하면서 가스비를 낼 줄이야!

가스비의 단위: gwei

이더리움 ETH 단위도 헷갈리는 마당에 새로운 용어가 나타나다니! NFT 새내기를 위한 용어 사전이라도 있었으면 좋겠다. gwei는 한 마디로 말하자면, 가스비의 단위이다.

gwei는 0.000000001이더를 말한다. 2021년 5월, NFT 세계에 대한 관심이 폭발적으로 증가했을 때는 가스비가 900gwei(당시 이더리움 시세로 약 500 달러) 이상으로 뛰는 바람에 NFT 크리에이터들이 가스비가 떨어질 때까지 거래를 미루고 기다리는 지경에 이르렀던 적도 있다.

가스비가 얼마인지 확인하고 싶다면 *이더스캔 가스 트래커라는 웹사이트를 활용해 보자. 실시간으로 이더리움 네트워크 거래량과 예상 가스비를 보여준다.

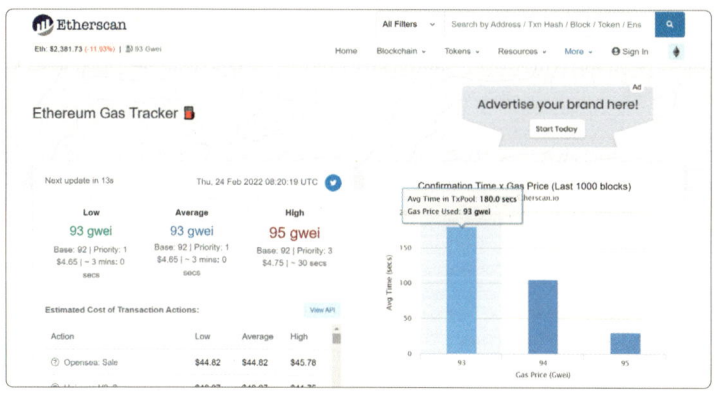

* 이더스캔 가스 트래커(Etherscan Gas Tracker): https://etherscan.io/gastracker

이더스캔 가스 트래커에서는 최저Low, 평균Average, 최고High 가스비를 30초마다 업데이트해서 보여준다. 메타마스크에서 이더를 보낼 때도 느린 요금Slow, 평균 요금Average, 빠른 요금Fast 중 하나를 선택할 수 있다. 예를 들어 다음과 같은 상황이라고 하자.

가스비를 최저로 지불하고 싶다면, Low 93gwei 3min을 확인하면 된다. 가스비를 93gwei만큼 지불하면 거래에 3분 정도가 소요된다는 뜻이다. 최고 가스비는 High 95gwei 30sec, 즉 95gwei를 지불하면 거래에 30초 정도가 소요된다. 아래의 표에는 가스비를 달러로 환산한 금액이 표시되어 있다.

NFT를 구매하거나 이더를 전송하는 경우 Opensea:Sale을 보면 된다. 최저 가스비를 달러로 환산하면 44.82달러임을 알 수 있다.

가스비가 아깝다고 항상 최저 금액만큼만 지불하려는 새내기가 있다면 거래에 소요되는 시간에 주목하자. 낮은 가격의 가스비를 지불한다는 것은, 이더리움 네트워크 사용에 들어가는 비용을 적게 내겠다는 뜻이다. 즉, 크리에이터가 요청한 NFT 거래의 우선순위가 낮아진다는 말이다.

천천히 처리해도 되는 거래라면 괜찮지만, 거래 경쟁 중에 가스비를 최저로 지불한다면 최악의 경우 거래가 성사되지 않거나 실패할 수도 있다. 그리고 실패한 거래에 들어간 가스비는 돌려받을 수 없다. NFT 새내기에게 '실패', '환불 불가' 같은 단어는 왠지 무섭게 들린다. 소심한 새내기라면 가스비를 평균가만큼 지불하고 마음 편하게 거래하는 쪽이 나을지도…

가스비는 30초마다 업데이트 되는데, 가격이 떨어지면 그때 맞춰서 NFT를 거래하면 된다. 반대로, 가스비가 쑥쑥 치고 올라가면 그냥… 오픈씨에 올라온 작품들을 둘러보면서 마음을 비워본다.

NFT 새내기가 알아두어야 할 수수료

마켓플레이스 플랫폼마다 정책이 다르지만 대체로 크리에이터가 작품 판매를 신청할 때까지, 총 두 번의 가스비를 지불하게 된다. 작품을 민팅minting할 때, 그리고 민팅한 NFT 작품을 리스팅listing할 때.

2021년 초는 NFT가 유명세를 타면서 가스비도 꾸준히 상승하던 시기였는데, 가스비가 너무 높아져서 마켓플레이스에 진입하려면 2~30만원에 육박하는 가스비를 지불해야 했다. 너무 비싼 가스비 때문에 NFT 크리에이터들이 작품을 판매할 엄두도 못 내고 발만 동동 구르는 상황에 처했었다.

가스비 때문에 높아져버린 초기 진입 장벽을 낮춰보려고 플랫폼마다 정책을 바꾸거나, 기술적인 지원을 하고 있다. 대중의 관심을 한 몸에 받으면서 커버린 NFT 세계, 새내기들이 주눅 들지 않도록 플랫폼들도 각자 나름대로 대안을 마련하는 것 같다.

오픈씨는 NFT 거래가 가장 활발한 플랫폼이라서 그런지, 2021년 초반부터 적극적으로 NFT 새내기를 위한 방법을 고안해왔다.

그 결과, 오픈씨는 NFT 크리에이터가 계정을 만든 후, 맨 처음 민팅 시에만 크리에이터가 가스비를 지불하도록 하고, 두 번째 작품 판매 등록부터는 민팅 비용을 오픈씨가 지원한다.

민팅이란?

민팅minting은 '주조하다'라는 뜻을 가진 영단어 mint에서 파생된 용어다. 디지털 자산에 블록체인 기술을 활용한 정품 보증서를 달아서 NFT로 만드는 것을 '민팅한다'고 말한다. 민팅한 작품은 고유한 블록체인 주소를 가지게 된다. 이 주소는 소유권이 여러 사람을 거쳐 이전되더라도 그대로 유지되기 때문에 누가 해당 NFT의 크리에이터인지 찾을 수 있다.

* **민팅**minting : 디지털 자산을 NFT로 발행하는 것

우와! 그럼 한 번만 가스비를 내면 무료로 작품을 판매할 수 있는 건가? 아쉽지만, 가스비는 작품을 리스팅할 때도 발생한다.

☀️ 에디션과 리스팅이란?

에디션edition은 미술에서 판화나 사진처럼 여러 개로 제작할 수 있는 작품에 쓰는 용어다. 똑같은 작품인데, 여러 개 찍어낸다고? 생소한 개념이라 NFT 새내기에게는 에디션의 개념이 잘 와닿지 않는다. 에디션을 판화에 비유해 설명해보자.

판화는 하나의 판형으로 같은 작품을 여러 개 찍어낼 수 있다. 대량 제작이 가능하다는 특성 때문에 크리에이터는 판화를 몇 장 찍어낼지를 결정한다. 만약 작가가 판화를 100장 찍기로 했다면, 100장의 에디션이 만들어지는 것이다.

에디션이 있는 작품에는 에디션 넘버edition number가 매겨지는데, 예를 들어 '5/100'이라고 하면 100장의 에디션 중 다섯 번째 작품이라는 뜻이다. 크리에이터의 서명과 에디션 넘버를 통해 판화의 고유성과 희소성을 증명한다.

NFT 에디션도 비슷하다. NFT 크리에이터가 한 장의 드로잉 작품을 5개의 에디션으로 발행한다고 가정하자. 이 에디션을 판매 등록하는 것을 '리스팅listing'이라고 한다.

NFT 크리에이터가 다섯 장의 에디션을 만들어서 다섯 번 리스팅했다면, 각 에디션에는 고유 번호가 부여된다. 다섯 명의 컬렉터가 이 작품의 에디션을 하나씩 구매하면, 컬렉터들은 똑같이 생긴 드로잉 작품을 소유하지만, 각 작품의 토큰 고유 번호가 모두 다르기 때문에 각 컬렉터는 고유한 작품을 소유했다고 본다.

* **에디션**edition: 한정된 개수로 발행하는 여러 개의 같은 작품들을 일컫는 말.
* **리스팅**listing: 민팅한 작품을 판매 등록하는 것.

NFT 마켓플레이스 플랫폼 사용 수수료도 잊지 말자!

민팅과 리스팅에 드는 가스비에만 신경 쓰다가, 판매 수수료가 있다는 걸 거의 잊어버릴 뻔했다. 작품 등록 이후에도 수수료가 발생하는데, 마켓플레이스에서 작품이 판매되면 일종의 플랫폼 자릿세를 내는 셈이다. 오픈씨의 경우, 작품가의 2.5%가 판매 수수료로 발생한다.

> **NFT 판매 관련 비용 총정리**
> 1. 민팅 가스비: 디지털 자산을 NFT로 발행할 때 드는 수수료
> 2. 리스팅 가스비: NFT 작품을 마켓 플레이스에 판매 등록할 때 드는 수수료
> 3. 판매 수수료: 작품이 판매되면 플랫폼에서 부과하는 수수료

가스비에 대해 알고 나니까, 황금 알을 낳는 거위라고 생각했던 NFT 세계의 현실적인 모습이 어렴풋이 보인다. 플랫폼이 시장에서 거래가 가능하도록 네트워크를 사용하게 해주고, 자리를 내어주는 대신 사용자에게 정당한 수수료를 지불하게 하는 것은 충분히 이해할 수 있는 시스템이다.

다만, NFT 새내기는 NFT 세계로의 여정에 필요한 초기 비용을 미리 따져보아야 한다. 특히 가스비의 변동 추이를 잘 보면서, 실수해도 금전적으로 큰 타격을 받지 않는 선에서 실험하고 연습하면서 안전하게 NFT 크리에이터로서 계속 활동하길 바라는 마음에서 한 번 더 강조해본다.

갑자기 텅 빈 나의 메타마스크 지갑이 신경 쓰인다. NFT 새내기가 되겠다고 결심하고 호기롭게 만들었던 지갑. NFT 거래를 하려면 가스비가 든다는 것을 알았으니까, 최소한의 초기 비용만큼 메타마스크 지갑에 이더를 채워보자.

가만있자, 어디서 이더를 구해야 내 지갑을 채울 수 있을까? 이더를 사고파는 거래소가 존재한다고 들었는데… 가상자산 거래소의 문을 두드려보자!

NFT 새내기,
가상자산 거래소에 가다

이놈의 이더ETH, 도대체 어디서 사고파는 걸까? NFT 세계에 입장하기 위해 드는 초기 비용, 암호화폐 단위, NFT를 사고파는 거래의 개념을 이해하려고 머리를 굴리다 보니 갑자기 어린 시절 유치원에서 벼룩시장 놀이를 하던 때가 기억난다.

벼룩시장 놀이는 유치원에 있는 모든 반이 참여하는 꽤 큰 행사였다. 유치원 선생님이 손수 오리고 그려서 만든 종이돈을 받았다. 간식과 장난감이 진열된 소꿉놀이 세트 앞에서 선생님이 상품의 가격을 알려주셨다.

솔직히 그때 화폐의 가치를 제대로 깨달은 것 같지는 않다. 그저 종이를 주면 과자를 받을 수 있는 게임 같아서 신나게 먹고, 또 먹었다.

종이돈이 오백 원쯤 남았을 때 벼룩시장 놀이는 끝이 났다. 남은 돈을 가지고 집에 가는 길, 너무 먹어서 걷는 게 힘들었다. TV에서 봤던 소화제 광고를 보니까 부채표 한 병을 마시면 속이 편해진다던데, 어린 마음에 나도 한 병 사 먹어야 할 것 같았다.

벼룩시장에서 배운 대로 가게에 들어가서 대뜸 소화제를 달라고 했다. 종이돈을 내밀었던 나에게 웃으면서 이 돈은 못 쓰는 돈이라고 알려주시던 슈퍼 아주머니. 이불킥 각이지만, 그때의 기억이 떠오른다. 벼룩시장 놀이를 하던 어린 시절과 지금 내 처지가 비슷한 것 같다. 그냥 현금으로 내고 싶은 지금 심정… 하지만 오픈씨에서 NFT 작품을 사고팔고 싶은 새내기는 이더가 필요하다.

이더, 도대체 어디서 구하는 거지?

가상화폐 구매하는 곳, 거래소

오픈씨를 비롯한 대부분의 NFT 마켓플레이스 플랫폼은 가스비를 내야 NFT 작품 거래를 할 수 있다. 가스비는 모두 암호화폐로 지불하는데, 화폐는 대부분 이더를 사용한다. 폴리곤 이더Polygon Ether와 클레이KLAY도 오픈씨에서는 종종 보이지만, 그래도 이더 가격표가 가장 많이 보인다. 이더를 구매하려면 가상자산 거래소에 가야 한다는데, 어디로 가면 좋을까?

가상자산 거래소라고 검색했을 뿐인데 수많은 거래소 목록이 나타났다. 거래소가 이렇게 많은지 몰랐는데, 선택의 폭이 정말 다양하다.

거래소를 정하는 기준

나는 영국에 거주하고 있기 때문에, 거래소를 선택할 때 영국 파운드 거래가 가능한 곳을 사용해야 했다.

처음에는 수수료가 가장 낮다는 말만 듣고 '바이낸스Binance'라는 거래소에 계정을 만들었다. 그런데 메타마스크를 연결하는 방법이 복잡해 보여서 계정을 삭제해버렸다. 계정을 삭제하는 방법이 자세히 나와있지 않아서 여기저기 검색해가며 삭제했다.

한 차례 귀찮은 과정을 거쳤지만, 거래소마다 어떤 특징이 있는지 확인해보고 결정해야 한다는 것을 배웠다. 나에게 맞는 거래소를 찾기 위해 살펴보아야 할 조건을 정리해 보니 다음 세 가지 정도였다.

- ✓ 어떤 국가 통화를 거래할 수 있는지
- ✓ 출금 수수료가 얼마인지
- ✓ 가상 화폐 간의 이체가 가능한지

비교해보고 다시 선택한 거래소는 cex.io라는 곳이다. 계정을 만들고, 개인 정보를 확인하는 과정 모두 어렵지 않았다. 본인 인증을 할 때, 여권 등의 방법으로 실제 주소와 자기 신상을 밝혀야 하는데 이때 개인 정보 노출에 대해 조금 걱정했다.

하지만 처음 은행 계좌를 개설할 때에도 동일한 개인 정보를 제출했던 것을 생각하면 거래소에 본인 인증을 하는 게 오히려 보안 강화를 위한 길인 것 같기도 하다. 혹시라도 나중에 피싱의 위험이 있을 때, 본인 인증을 통해서 안전한 거래를 할 수 있다는 거니까 믿어 보기로 했다.

본인 인증 절차 확인 메일을 받기까지 하루 정도 시간이 걸렸다.

좋아, 가상자산 거래소에서 계정 만들기에 성공했다. 이제 정말 이더를 구매해보자!

한국 가상자산 거래소 상황은 어떨까?

2021년 9월부터 한국 특금법(특정 금융거래정보의 보고 및 이용 등에 관한 법률)은 국내 가상자산사업에 대해 다음과 같은 제한을 두었다.

특금법 제3장 제7조(신고)
③ 금융정보분석원장은 제1항에도 불구하고 다음 각 호에 어느 하나에 해당하는 자에 대해서는 대통령령으로 정하는 바에 따라 가상자산사업자의 신고를 수리하지 아니할 수 있다.

1 정보보호 관리체계 인증을 획득하지 못한 자

2 실명확인이 가능한 입출금 계정[동일 금융회사등(대통령령으로 정하는 금융회사 등에 한정한다)에 개설된 가상자산사업자의 계좌와 그 가상자산사업자의 고객의 계좌 사이에서만 금융거래 등을 허용하는 계정을 말한다]을 통하여 금융거래 등을 하지 아니하는 자. 다만, 가상자산거래의 특성을 고려하여 금융정보분석원장이 정하는 자에 대해서는 예외로 한다.

즉, 정보보호 관리체계 인증과 실명확인이 가능한 업체만 원화 거래가 가능하다는 것이다. 이 법의 시행으로 국내에서는 아래의 거래소가 자격을 획득했다.

- 빗썸 https://www.bithumb.com/

- 업비트 https://upbit.com/

- 코빗 https://www.korbit.co.kr/

- 코인원 https://coinone.co.kr/

특금법이 왜 시행되었는고 하니, 가상자산을 통한 자금 세탁을 방지하기 위해서라고 한다. 새로운 자산과 거래 개념이 생겨남에 따라, 다수를 보호할 수 있는 법과 의식이 구축되고 있다. 한국 가상자산 거래소들을 둘러보니, 한글로 친절하게 설명이 되어있어서 어떻게 사용해야 하는지 직관적으로 이해할 수 있었다.

거래소마다 혜택이 다르니까, NFT 새내기라면 꼼꼼하게 거래소들의 특징을 비교해보고 선택하길 바란다.

타이밍, 구매는 타이밍이다

2021년 3월, 내가 NFT 새내기의 여정을 막 시작했던 무렵, 이더의 인기는 상상을 초월했다. 가상화폐의 세계를 모르던 NFT 새내기가 뛰어들었을 때는 이미 이더의 가치는 무지막지하게 상승해 있었다.

세상에! 2021년 3월 초, 암호화폐 1이더의 당일 가격은 무려 1,400파운드였다. 이더가 이렇게 비쌀줄은 상상도 못 했다. 암호화폐를 게임 머니쯤으로 여겼던 안일함이 드러나는 순간이었다. 가격에 한 번 놀랐는데, 초마다 바뀌는 이더 가격 차트를 보고 두 번 놀라고 말았다.

  시험 삼아 작품 한 개를 판매할 수 있을 만큼만 마련하려고 했던 계획이 흔들리는 순간이다. 방심하면 예산 초과! 가격이 초 단위로 바뀌는 이더를 언제 구매해야 더 싸게 살 수 있을까?

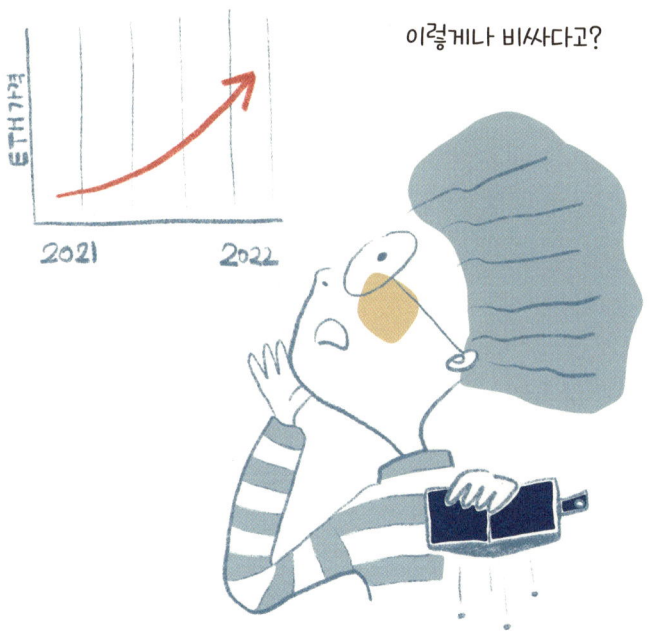

대학에 입학할 때쯤, 엄마가 경제 공부하라고 주식 계좌를 만들어 주신 적이 있는데 널뛰는 차트를 보기만 해도 동공 지진이 왔었다. 이더 가격 차트를 지켜보던 나는 대학생 시절 주식 차트 앞에 섰던 그때와 똑같이 동공 대지진을 겪고 있었다. 언제 사야 할까, NFT 세계에 발을 들일 때 얼마나 쓸지 이미 예산을 정해뒀는데, 정해진 금액으로 조금이라도 더 많은 이더를 얻으려면 타이밍을 보고 있을 수밖에.

거래소에 계정을 만든 지 3일이 지나서야 NFT 새내기는 겨우 이더 구매에 성공할 수 있었다. 아침 저녁으로 이더 가격이 어떻게 바뀌는지 차트를 보고 있다가, 나름 떨어지는 타이밍이 보인다고 생각해서 두 눈 꼭 감고 구매 버튼을 눌렀다.

최저점에 구매한걸까? 아쉬운 마음에 구매 후에도 차트를 확인했는데 얄밉게도 가격이 조금 더 떨어졌다. 딱 한 시간만 더 기다렸다가 살 걸… 아깝지만 0.0X, 소수점 둘째 자리를 찍을 만큼의 이더가 생겼다.

이더를 지갑에 넣는 방법

이더를 구매했다! 어려운 거래는 다 끝났구나 싶어서 혼자 기뻐했다. 어, 그런데 지갑에 이더는 어떻게 넣는 거지? 유치원에서 벼룩시장 놀이하던 시절이 너무 그립다. 화폐를 사고, 지갑에 넣는 일 하나하나 이렇게 검색해가면서 찾아야 하다니. NFT 새내기에게 쉬운 것은 없다.

이더를 메타마스크 지갑에 넣으려면 출금withdraw을 해야 한다. 거래소마다 출금 방법과 UI가 다르겠지만, 기본적인 순서는 비슷한 것 같다. cex.io의 경우엔, 지갑에 넣고 싶은 만큼의 금액을 정하고 메타마스크 지갑의 주소를 거래소에 입력하도록 되어있었다. 긴장을 조금 했지만, 출금 버튼을 누르니까 금세 메타마스크 지갑으로 이더가 들어왔다.

잠깐, 그럼 반대로 암호화폐를 지갑에서 꺼낼 수도 있는 걸까?

이더를 구매하고, 지갑에 넣는 게 가능하니까 그 반대의 과정도 가능한 거겠지? 실제로, NFT 마켓플레이스 플랫폼 중에는 작품 가격을 이더(또는 다른 암호화폐 단위)로 표기하고, 괄호 안에 현재 이더와 USD 환율에 따른 달러($) 가격이 표시되는 곳도 있다.

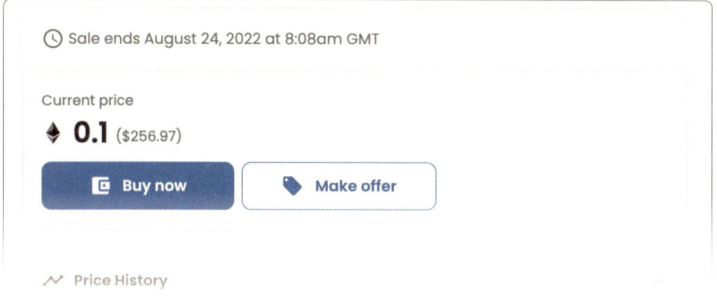

NFT는 대부분 암호화폐를 통해 거래되는데, 달러나 원화로 소유하고 싶다면 어떻게 해야 할까? 얼마 전에 NFT 관련 주제로 열린 클럽

하우스 방에 들어가봤더니, 하루 동안 천 달러 이상의 수익을 낸 아티스트가 자신의 경험을 소개하고 있었다. 한참 듣다 보니, 단순히 이더만 가지고 자신의 수익을 말하는 게 아니라, 달러로 출금을 했다고 했다.

 출금을 할 때도 가상자산 거래소에 찾아가서 원하는 만큼 암호화폐를 '판매'하면 된다. 암호화폐와 진짜 화폐 둘 다 화폐인데, '구매' 또는 '판매'한다고 하니 기분이 조금 이상하다. 음… 환전이라고 이해하면 어떨까?

작고 소중한 내 이더…

가상화폐의 가치는 달러나 원화보다 값이 자주 바뀌는 편이라서 환전하고 완전히 똑같지는 않지만, 해외여행 갈 때 해당 나라의 화폐로 돈을 환전해가는 것처럼 가상화폐를 다루는 마켓플레이스에 가려면 거래소를 통해서 필요한 가상 화폐를 구매하면 된다. 반대로 해외여행을 다녀온 후에 남은 외화를 다시 환전하는 것처럼, 가상화폐도 진짜 화폐로 거래소를 통해 판매할 수 있다.

이제 메타마스크 지갑을 사용해볼 일만 남았다.

와! 드디어 메타마스크 지갑에 이더가 들어왔다. 금액이 적어서 그런지 짤랑짤랑 소리가 날 것만 같다. 그럼 이제 NFT 마켓플레이스 플랫폼에 작품을 판매하는 일만 남은 건가? 멋진 구매자가 나타나서 내 작품을 마구마구 사고, 내 지갑에는 이더가 차곡차곡 쌓이는 상상을 하게 된다. 과연 NFT 새내기의 야심찬 도전은 해피엔드를 맞이할 수 있을까? NFT 작품 민팅과 리스팅까지 몇 걸음밖에 남지 않았다!

상상처럼 내 작품을 좋아하는 컬렉터를 만날 수 있다면 정말 좋겠다.

어떤 작품을 판매해볼까? NFT 작품을 등록하고 판매하기 위해서 어떤 작품을 준비하면 좋을지, 어떤 작업을 할지 고민하기 시작했다.

잿밥에 관심이 없다면 거짓말

오픈씨에 계정을 만들고, 메타마스크 지갑을 설치하고 이더까지 구매한 내 자신이 대견하다. 첫걸음이라 더디고 답답했지만, NFT 새내기로서 배워나가는 재미가 쏠쏠하다. 마치 낯선 나라에 가서 한마디도 못 알아듣고 답답해하다가, 하나둘씩 단어를 알아듣기 시작하니까 비로소 여행을 즐길 수 있게 되는 느낌이랄까?

이제 NFT 작품 판매 전에 해야 할 것은 모두 끝났다. 이제 곧 나의 작품을 NFT 마켓플레이스 플랫폼에 판매 등록할 일만 남았는데… 사람들이 진짜로 내 작품을 구매하고 싶어할까 너무 궁금하다.

여기서 잠깐, 본격적으로 NFT 작품을 판매 등록하기에 앞서 크리에이터들에게 묻고 싶은 게 있다.

"잿밥에 관심이 있나요?"

잉?! 뜬금없이 잿밥이라니?

'염불에는 맘이 없고, 잿밥에만 맘이 있다.' 일에는 정성을 들이지 않으면서 잇속에만 마음을 두는 것을 비유적으로 이르는 말이다. 갑작스럽게 잿밥에 대해 이야기하는 건, NFT 크리에이터들의 멘탈을 보호하기 위해서다.

NFT 크리에이터는 컬렉터와 작품을 거래한다. 거래를 할 때는 가격, 흥정, 상도덕 등등 생각해야 할 것이 많다. 특히, 어떤 가격으로 작품을 거래할지 정하고 판매 등록하는 순간까지 모두 스스로 결정해야 한다. 크리에이터 자신만의 소신을 가지고 작품을 거래했으면 하는 마음에 대뜸 '잿밥'에 대해 물었다.

NFT 세계를 향한 부정적인 시선과 의심의 눈초리를 발견할 때가 있다. "요즘 나 NFT 크리에이터로 활동 중이야"라고 하자마자 나를 대동강 물을 파는 봉이 김선달처럼 보면서 뒷걸음질 치는 사람을 만나면 기분이 조금 이상하다. 잘 몰라서 경계하는 정도라면, 내가 아는 선에서 NFT 세계에 대해 흥미로운 점들을 소개하면 그만이다. 하지만 밑도 끝도 없이, 낙서 같은 JPG 파일 한장으로 사기치지 말라고 다짜고짜 화를 내는 사람과 대화하면 꽤 피곤해진다. NFT 자체가 거품이라고, 작품을 제작한 NFT 크리에이터를 비판하는 사람도 있다.

흔들리지말고 크리에이터의 길을 걷자

비가 오는 날씨의 런던은 왠지 그림을 그리고 싶게 만든다. 런던에 부슬부슬 비가 내리고 날이 흐려지면, 나는 '카페 놀이'를 한다. 아이패드를 들고 카페에 가서 혼자 그림을 그리다, 글을 쓰다 하는 것이다.

서머셋하우스Somerset house 미술관 옆에 있는 카페를 특히 좋아한다. 여느 때처럼 아이패드로 그림을 그리고 있는데, 옆 테이블에 앉은 사람들이 하는 이야기가 들렸다. 헤드폰을 사용하고 있었지만, 딱히 음악을 듣고 있는 게 아니었기 때문에 두 사람의 대화가 꽤 선명하게 들렸다.

"오… 아이패드로 그림 그리는 것도 괜찮은 것 같지 않아?"

"저렇게 쉽게 그리면 좀… 가치가 떨어지는 것 같아서 싫어."

"요즘 갤러리들도 디지털… 그거… NFT 아트에 관심있는 것 같던데, 싫어?"

"아아, 나도 들었지. 근데 싫어. 밈meme같은 거 만들어서 엄청 비싸게 파는 게 예술이냐!"

흠. 잠시 손을 멈추고 커피를 들이켰다. 화가 나는 것까지는 아니어도, 조금 발끈했다. 가치가 떨어진다니? 창작 활동의 방법이나 수단 때문에 내가 그리는 그림의 가치가 떨어지는 건가? 불편한 마음으로 커피를 한 모금 더 마셔 보았다. 흠… 생각이 한 줄기 더 뻗어나간다. '어쩌면 나는 내가 그린 그림의 가치를 제대로 알아볼 기회를 찾지 못한 게 아닐까?'

커피를 여러 차례 들이켰을 때쯤, 신나게 수다를 떨던 옆 테이블의 사람들이 떠났다.

나는 그리던 그림을 마저 그려서 인스타그램에 올렸다. 팔로우하고 있는 인스타그램 지인들도 있고, 해시태그를 타고 들어온 모르는 사람들도 내 그림이 예쁘다고 칭찬해주었다. 씁쓸했던 커피 맛을 잊을 만큼 기분이 좋았지만, 마음 한 구석에 드는 허무함은 감출 수 없었다. 그림을 그리는 데 들어간 시간과 노력의 가치를 어떻게 평가하면 좋을까? 창작물에 대한 가치를 인정받는 방법을 제대로 탐구해 본 적이 있었나?

이 질문의 답을 찾고 싶어서 NFT 세계로 더 깊이 들어가고 싶다. 크리에이터로서 나의 작품이 진짜로 사랑받을 수 있는지 알기 위해 NFT 크리에이터와 컬렉터가 기다리는 곳으로 한 발씩 내딛어 본다.

창작 활동을 통해서 잿밥을 먹어보겠다는 게 뭐 꼭 나쁜 건가?

　인스타툰이나 웹툰을 꾸준하게 그려서 책을 발간하고, 광고 활동도 하고, 자신만의 방법으로 그림의 가치를 만들어내는 멋진 분들을 봤다. 동시에, 그 단계에 이르기까지 얼마나 많은 배고픔이 있었을지 궁금하기도 하다. 얼마나 오랜 시간동안 배가 고파야 비로소 크리에이터의 작품이 가치를 인정받을 수 있는 걸까.

　NFT 작품의 가격이 거품이라고 하는 사람도 있고, 반대로 여태껏 크리에이터의 노력과 작품의 가치가 저평가 되어 온 것이라는 사람도 있다. 의견이 분분하지만, 나는 후자의 말에 힘을 싣고 싶다. 지금까지는 예술가와 크리에이터에게 작품의 가치를 알리고 인정받을 기회가 많지 않았다. 블록체인 기술과 NFT에 대한 대중의 관심이 맞물려 이제서야 그 가치를 알아보는 시대가 온 것이다.

　NFT 새내기로 막 첫발을 뗀 여러분에게, 혹시라도 누군가 사기꾼 취급을 하려고 한다면, 부디 겁먹지 않았으면 좋겠다. 크리에이터로서 작업한 시간과 노력, 그리고 작품에 대한 올바른 가치를 인정받기 위한 활동이라는 점을 당당히 밝혔으면 좋겠다. 세간의 시선에 휘둘리지 않고 자신만의 작품 세계를 만들어가는 크리에이터 활동이 많아질수록 NFT 세계는 건강하고 아름다워질 거라고 믿는다.

배고팠던 크리에이터를 위한 잿밥 나누기

　창작 활동을 하면서 즐거워하는 순간, 누군가 나의 창작물을 보면서 좋아해 주는 순간, 그 모든 순간들이 좀 더 가치 있는 결과를 가져오게 할 순 없을까? 아마 이런 이유 때문에 많은 작가들과 크리에이터들이 NFT에 주목하는 것 같다.

요즘 트위터나 NFT 커뮤니티 클럽하우스에서 디지털 아티스트 또는 디지털 작업을 하던 크리에이터들이 용기를 내서 NFT 플랫폼에 작품을 올렸다가 좋은 가격으로 작품 판매에 성공했다는 이야기가 계속 들려온다. 크리에이터들이 배고파하지 않고서도 작품 활동을 지속할 수 있는 환경이 조성된 것 같아서, NFT 세계의 활발한 거래 소식을 듣는 것만으로도 기운이 난다.

특히, 크리에이터의 위치가 더 인정받으면서 크리에이터가 컬렉터로도 활동하는 *프로슈머prosumer가 늘어나는 것도 재미있다. NFT 크리에이터로서 작품을 판매하기도 하고, 컬렉터로서 다른 크리에이터의 작품을 구매하기도 하는 것이다.

NFT 크리에이터들이 서로 도우며 함께 컬래버레이션 작업을 하는 모습을 보면, 하루 빨리 그 속에 끼고 싶다. 컬렉터가 나타나기만을 기다리며 수동적인 자세로 창작 활동을 하기보다, 좋은 작품, 잠재력 있는 크리에이터를 만나면 마음껏 잿밥을 나눌 수 있는 NFT 새내기… 상상만으로도 너무 멋있다!

---

* **프로슈머(prosumer)**: 생산자를 뜻하는 producer와 소비자를 뜻하는 consumer의 합성어로, 생산자와 소비자의 역할을 동시에 하는 사람을 말한다.

블록체인 기술의 장점을 잘 활용해보자

크리에이터들의 아이디어와 노력이 담긴 작품이 허락 없이 무단으로 복제되거나, 사용되기도 하는데, 특히 디지털 자산은 원본이나 원작자를 정확히 확인할 수 없다는 약점 때문에 무단 복제 및 도용에 더 취약하다. 내 작품의 고유함을 인증하는 것은 디지털 자산을 창작하는 크리에이터들의 아킬레스건 같은 것이 아니었을까?

블록체인 기술 덕분에 NFT 세계에서는 창작물의 무단 사용과 복제의 위험으로부터 크리에이터가 스스로를 보호할 수 있다.

NFT의 고유성을 보증하는 토큰과, 소유권을 투명하게 밝혀주는 스마트 컨트랙트smart contract가 디지털 자산의 취약점을 보완한다. 게다가, 오픈씨를 비롯한 몇몇 NFT 마켓플레이스 플랫폼은 2차 판매에 대한 수수료를 받을 수 있다는 점도 잊지 말자.

2차 판매 수수료란?

NFT 크리에이터가 판매한 작품이 구매자에 의해 2차 판매되면, NFT 작품을 최초 등록한 크리에이터가 2차 판매 수익을 받을 수 있다.

2차 판매secondary sale 수익으로 얼마나 받을 수 있는지는 NFT 크리에이터가 작품을 판매할 때 정할 수 있다. 오픈씨에서는 최대 10%까지 2차 판매 수익률을 수동으로 입력하도록 지원한다.

작품의 크리에이터와 지난 컬렉터를
모두 확인할 수 있어.

멋진데?

◆ 오픈씨 플랫폼 수수료와 2차 수수료 안내

오픈씨는 작품의 크리에이터가 2차 판매 수수료를 정할 수 있게 했다.

```
Royalties
Collect a fee when a user re-sells an item you originally created. This is deducted from the final sale price and paid monthly to a payout address of your choosing.
Learn more
Percentage fee
e.g. 2.5
```

즉, 작품이 재판매될 때마다 NFT 크리에이터는 2차 판매 수수료로 수익을 얻을 수 있다. 오픈씨는 2차 판매 수수료 정책에 대해 이렇게 안내한다.

> 2차 판매 수수료는 판매자에게 부과됩니다. 1ETH짜리 작품을 2차 판매한다고 생각해봅시다. 크리에이터 A가 작품에 2.5%의 2차 판매 수수료를 설정했다면, 2차 판매 시 판매자가 5%의 수수료를 부담합니다. 2.5%는 오픈씨의 플랫폼 수수료이고, 나머지 2.5%가 크리에이터 A에게 돌아갈 2차 판매 수수료입니다. 즉 2차 구매자가 1ETH를 지불하여 작품을 구매하면, 2차 판매자는 0.95ETH의 수익을 얻습니다. 1차 판매자인 크리에이터 A가 0.25ETH를, 오픈씨 플랫폼이 0.25ETH를 각각 가져가는 것이죠.

2차 판매 수수료는 작품의 판매가가 $60 이상일 때 지급된다. 2차 판매가 이루어지면 크리에이터는 오픈씨로부터 알림 메일을 받을 수 있다. 어떤 작품이 2차 판매되었는지, 수수료가 얼마나 발생했는지 등의 정보를 메일을 통해 알 수 있다.

염불도, 잿밥도, 모두 실패해도 좋아

엉망진창으로 실패하더라도 하나씩 시도하다 보면 언젠가 내 힘으로 만든 디지털 아트를 만날 수 있을 거라는 믿음을 가지고 계속해 보기로 했다. 예술가 흉내 내지 말라고 날카로운 소리를 들을지도 모르겠다. NFT 커뮤니티에서 만나는 작가님들 중에서 예술 전공자, 또는 풀타임 아티스트들의 작품 활동을 보면서 내가 이 속에 껴도 될까 자꾸 혼자 주저하게 되는 게 사실이다.

하지만 NFT 세계의 참맛을 보려면 직접 사람들 앞에 나의 작품을 내놓고 반응을 살펴봐야 한다. 내 손으로 만들고 그리는 창작물에 더 많은 시간과 노력을 들이고, 나 스스로 내 작품이 가치 있다고 인정할 수 있게 창작의 기회를 주는 것만으로도 의미가 있다고 생각한다.

서툴러도 좋다. 그리고 실패하더라도, 암호화폐나 NFT에 대해 나중에 누군가와 얘기해 볼 수 있는 이야깃거리 하나쯤 풀어놓을 수 있겠지. 잿밥 한 숟가락도 못 먹을지도 모르지만 일단, NFT 새내기는 두 번째 걸음을 떼기로 했다!

두 번째 걸음은, 오롯이 NFT 작품 준비에 대한 것들이다. 어떤 작품을 만들어볼까? 만약 디지털로 작품 창작을 한다면, 어떤 툴을 써볼까? 그리고 작품을 판매 등록할 준비가 되었다면, 어떻게 판매 전략을 세워볼까? 벌써 많은 작품이 손안에 있는 크리에이터라면 더더욱 환영이다, 포트폴리오에 잠들어있는 소중한 작품들을 NFT 세계에 선보일 수 있도록 작품을 선정하고 판매할 준비를 해보자.

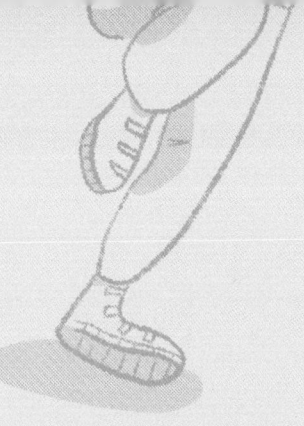

두 걸음

◆◆
디지털 아트와 만나기

휴, NFT에 대해 공부하고 나니 머리가
아프다. 작품 활동을 하고 싶어서 손가락이
근질거린다면? 굿 타이밍!
지금부터 본격적으로 NFT 작품을 창작하고,
오픈씨에 민팅해보자.

이 장에서 다루는 내용

❶ NFT 새내기, 감히 예술을 하겠다고?
❷ 이야기가 있는 NFT 작품 만들기
❸ 디지털 드로잉 도구를 정해보자
❹ 내 손으로 직접 NFT 민팅하기
❺ 제너레이티브 아트를 아시나요?

1

NFT 새내기, 감히 예술을 하겠다고?

　　　　　　　이제 막 첫걸음을 뗀 NFT 새내기 여러분, 새로운 개념과 용어의 홍수 속에서 버텨낸 여러분이 자랑스럽다. NFT 아트의 세계에 한 발짝 더 다가가기 위해서, 이번에는 NFT 창작 과정을 다룬다. 나만의 작품을 창작하고 오픈씨에 민팅해보자.

　NFT 작품을 준비하는 데 걸리는 시간은 크리에이터의 경력이나 경험에 따라 다르다. 이미 디지털 드로잉에 능숙하다면 5.제너레이티브 아트를 아시나요?로 점프하면 된다. 이 책은 디지털 드로잉에 처음 도전하는 새내기를 위해 기초부터 설명하고 있다. 조바심 내거나 불안해하지 말고 자기만의 속도로 나아가보자!

차근차근 작품 기획부터 민팅까지

호랑이 굴에 들어가도 정신만 차리면 산다고 했다. 계획을 세워 하나씩 해나가자. 보통은 NFT를 출품하기까지 세 단계를 밟게 된다.

1. 작품 기획하고 스케치하기
2. 디지털 툴로 작품 작업하기
3. 오픈씨에 작품 민팅하기

첫 번째 단계는 작품 기획이다. 사람들에게 어떤 이야기를 어떻게 전할지 고민해보자. 작품에 어떤 이야기를 담을 것인지 생각하고, 내용을 효과적으로 전달할 수 있는 형식을 구상한다. NFT 마켓플레이스 플랫폼을 둘러보며 트렌드를 미리 파악하는 것도 작품 기획에 도움이 된다.

두 번째는 디지털 드로잉이다. 피지컬 스케치를 디지털로 옮겨도 되고, 디지털 드로잉에 익숙하다면 곧장 디지털 툴을 활용해서 작업하면 된다. 디지털 아트의 특성을 살려 애니메이션이나 모션 효과 등 작품에 디테일을 더해보자.

작품이 준비되었다면 마지막 단계는 민팅이다. 작품을 직접 민팅하고 판매를 위해 리스팅한다. 민팅에는 소량의 이더가 필요하니까 미리 준비해두자.

잠깐, 이 책에서 말하는 '디지털 아트'란?

본격적으로 창작 활동에 돌입하기 전에 '예술'과 '디지털 아트'에 대한 내 생각을 공유해보려 한다. 정해진 답은 없다. 원하는 방법으로 디지털 작업을 해보고 자신만의 정의를 내리면 된다.

예술이란 전달하고자 하는 메시지를 자기만의 방식으로 표현하는 것이라고 생각한다. NFT가 예술이냐 아니냐 또는 디지털 아트냐 아니냐는 시장과 학계에서도 의견이 분분하다. 그러나 형태에 관계없이 자기가 원하는 것을 표현한 창작물이 곧 예술 작품이기에, NFT도 'NFT 아트'라고 표현했다.

예술이 나의 이야기를 나만의 방식으로 표현하는 것이라면, 디지털 아트는 말 그대로 예술 작품에 디지털 기술을 접목한 것이다. 디지털 아트에 꼭 엄청난 기술이 필요한 것은 아니다. 예를 들어, 디지털 아티스트 비플Beeple의 NFT *〈매일: 첫 5000일〉은 디지털로 작업한 작품을 모아 하나의 파일로 만든 것이다. 인공지능 같은 첨단 디지털 기술을 접목시킨 것은 아니지만 비플의 작품은 디지털 아트로서, 또 예술로서 인정받았다. 따라서 제너레이티브 아트처럼 창작 과정에 디지털 기술이 직접적으로 개입하는 것부터 단순히 피지컬 작품을 디지털 파일로 옮긴 것까지 모두 넓은 범위의 디지털 아트라고 보

---

* 비플(Beeple), 〈매일: 첫 5000일(Everydays-The First 5000 Days)〉 https://onlineonly.christies.com/s/beeple-first-5000-days/beeple-b-1981-1/112924?ldp_breadcrumb=back

기로 했다.

이 책에서 정의한 디지털 아트와 NFT 아트의 관계는 학술적, 경제적, 또는 법률적인 정의와 일치하지 않는다. 하지만 NFT 아트에 관심이 많은 새내기들이 앞으로 한걸음 더 나아갈 수 있도록, 쉽게 이해할 수 있는 단어를 사용했다는 점을 참고해주길 바란다!

* 주의: 예술의 정의와 범위에 대해 다른 의견을 가진 사람도 존재하겠지만, 부디 너그러운 마음으로 받아주었으면 한다.

NFT 크리에이터라는 호칭이 어색한가요?

자, 이제 이 책에서는 예술을 '모든 창작 활동'으로 넓게 해석하기로 했다. 그렇다면, 창작 활동을 하는 사람은 뭐라고 부를까? 나는 NFT 세계에서 창작 활동을 하는 사람들을 통틀어 'NFT 크리에이터'라고 부르고 싶다.

NFT 아트 시장은 어마어마하게 빠른 속도로 성장하고 있다. 그 속에서 누구도 당신이 예술 전공자인지, 아닌지 묻지 않는다. 컬렉터가 작품을 선택하는 이유는 다양하다. 작품이 좋아서, 작가의 세계관이 마음에 들어서 등등… 그들 중 누구도 작가가 '진짜' 예술가인지 아닌지를 평가하거나, 어떤 작품이 아트인지 아닌지 선을 긋는 이는 없다.

그리고, 쓰고, 음악을 만들고, 춤을 추고, 어떠한 방식으로든 무엇을 표현하고 있다면, 당신은 어엿한 크리에이터다. 수줍어하지 말고 표현하고 싶은 대로 자유롭게 자신의 작품 세계를 활짝 펼쳐보자.

크리에이터를 크리에이터라 부르지 못하는 그대,
용기를 내자!

NFT 세계는 실험적인 프로젝트와 작품이 넘쳐나는 곳이다. 자기 자신이 크리에이터라는 사실을 당당히 마주하고, 받아들이는 과정이 필요하다. 스스로를 크리에이터로 인정하는 순간 NFT 세계는 당신을 NFT 크리에이터로서 환영해줄 테니까!

🔹 크리에이터를 크리에이터라 부르지 못하는 그대에게

"네, 저는 크리에이터입니다."라고 말하는 게 쑥스럽고, 생각만 해도 얼굴이 화끈거리는 사람이 있을 것 같아서 나의 경험담을 살짝 풀어본다. 나에게도 '예술'과 '작가'라는 말을 입에 담으면 손에 땀이 나고, 목구멍이 간질간질했던 과거가 있기 때문이다.

한국에서 잘 다니던 첫 직장을 퇴사하고, 한창 자아 찾기에 시간을 투자하던 때였다.

더운 여름, 서울에서 열린 *해커톤 이벤트에서 순수 예술을 전공하고, 개인 사업을 준비하는 친구를 만났다. 자신이 관심 있는 분야를 연구해서 사업 아이디어를 개발 중이었던 그 친구는 최신 테크 소식을 줄줄 꿰고 있었다.

예술 전공자라고 하면 우수에 찬 표정으로 철학과 세계관을 논하는 이미지였는데, 그 친구의 열린 생각과 통찰력, 그리고 트렌드를 거침없이 따라 가는 진취적인 모습에 깜짝 놀라고 말았다. 예술은 고결한 특권이 아니라, 생각의 경계를 허물고 다각도의 해석을 여는 **프리즘이었다.

---

* **해커톤(hackathon)**: 해킹(hacking)과 마라톤(marathon)의 합성어. 정해진 시간 내에 기술자, 개발자, 디자이너 등 다양한 분야의 전문가들이 아이디어를 내고 결과물을 도출하는 이벤트.
** **프리즘(prism)**: 단면이 정삼각형 모양이고, 표면이 유리 재질로 되어있는, 빛을 굴절, 분산시키는 광학 도구.

취미 삼아 그림을 그리곤 했지만, 어떻게 감히 예술을 넘볼까 일찌감치 마음을 접었다. 예술을 전공한 친구들 앞에서는 특히나 더 민망해서 나도 그림을 그린다고 이야기를 꺼내지 못했다. 하지만 예술 작품은 어떻게 만들어지는지, 작품 활동은 언제 하는지, 영감은 어디서 받는지, 전시회는 어떻게 여는 건지, 입 밖으로 튀어나오는 질문을 막을 수가 없었다.

"예술 그거… 나도 할 수 있을까?"

그림 그리는 것이 좋고, 내 그림이 소중했기 때문에 예술이라는 세계에 가까이 다가가고 싶었다. 혼자 몰래 품고 다니던 스케치북을 보여주고, 언젠가 내가 그린 그림으로 전시회를 열어보고 싶다고 숨은 마음도 살짝 드러냈다. 속마음을 뱉어놓고 보니 쑥스러워서 얼굴이 화끈거렸다. 안절부절못하는 내 모습을 보며 그 친구는 차분한 목소리로 말했다.

"언니는 이미 작가야. 자신이 표현하고 싶은 것을 자신만의 방식으로 표현하는 게 작품 활동이야."

그리고 싶은 대로 그리고, 머릿속에 떠오르는 것을 표현하기 위해 노력하는 것 자체가 모두 작품을 만드는 과정이라고 말해주었다. 그 친구의 말 덕분에 오랫동안 뒤집어쓰고 있었던 부끄러움이 훌렁~ 벗겨져나갔다.

내가 작가라고?

감히 예술을 하고 싶어 한다고 비웃음 당할까봐 차마 입 밖으로 꺼내지 못했던 말인데, 부끄러움으로 어쩔 줄 몰라 하는 내 얼굴을 보고 진지하게 작가라고 불러주는 그 친구의 눈을 보곤 울컥해버렸다.

가슴에 찌르르 전기가 흘렀다. 마치 예술의 세계에 들어와도 된다고 허락받은 기분이었다. 그 순간부터 내 그림이 작품으로 보였다. 그래, 나는 작가야. 나를 작가로 받아들인 순간부터 창작물이 더 좋은 '작품'이 될 수 있도록 집중할 수 있었다.

남의 평가나 시선을 두려워하지 않아도 된다는 사실만으로도 더 자유로운 마음으로 작업할 수 있었다. 크리에이터라는 호칭을 받아들이기까지 어려웠던 사람이 있다면, 꼭! 용기 내어 자기와 마주했으면 좋겠다. 누구나 뛰어난 크리에이터가 될 수 있다고 믿으니까.

~~~~~~

NFT와 나의 연결 고리, 디지털 작업

작품을 새로 작업할까, 기존에 작업한 작품을 시험 삼아 판매해볼까, 머리를 굴리면서 지금까지 그렸던 손 그림을 추려보았다. 추려낸 그림은 스케치북에 수채 색연필로 아주 연하게 채색한 것들이라, 스캔을 하면 스케치북을 직접 본 것만큼 선명하지 않았다. 한참 고민한 후에, 나는 디지털 툴을 사용해서 새로운 드로잉 작업을 하기로 했다.

이 책을 읽는 여러분이 꼭 나와 같은 결론을 내릴 필요는 없다. 손 그림이나 음악, 설치된 조형물 등 피지컬 작품을 창의적인 방식으로 디지털화해서 NFT 작품으로 만드는 크리에이터도 많다. 피지컬, 디지털, 가리지 말고 자신의 작품을 가장 잘 표현할 수 있는 방법을 선택하자!

디지털 툴에 익숙하지 않아서 사용법을 익히느라 시간이 조금 걸릴 것 같다. 처음에는 점 하나 찍는 것, 선 하나 긋는 것도 어렵겠지만, 그래도 꽤 재미있을 것 같다. 어떤 작품을 만들게 될까? 벌써 기대된다!

어떤 디지털 툴로 그림을 그릴까? 뭘 그릴까?

어떤 방식으로 해볼까?

본격적으로 창작 활동에 집중하기 위해서, 어떤 방식으로 작업할지 생각해보자. 작업 방식에 따라 필요한 도구와 준비물도 달라진다. 만약 여러 명과 함께 작업할 계획이라면 팀원과 서로 협의하는 과정도 필요하다.

NFT 세계는 전세계에서 각양각색의 아티스트가 모여드는 곳인 만큼, 신선한 작업 방식도 끊임없이 등장한다. 다양한 시도가 환영받는 세계이니까 대담하게 도전하길!

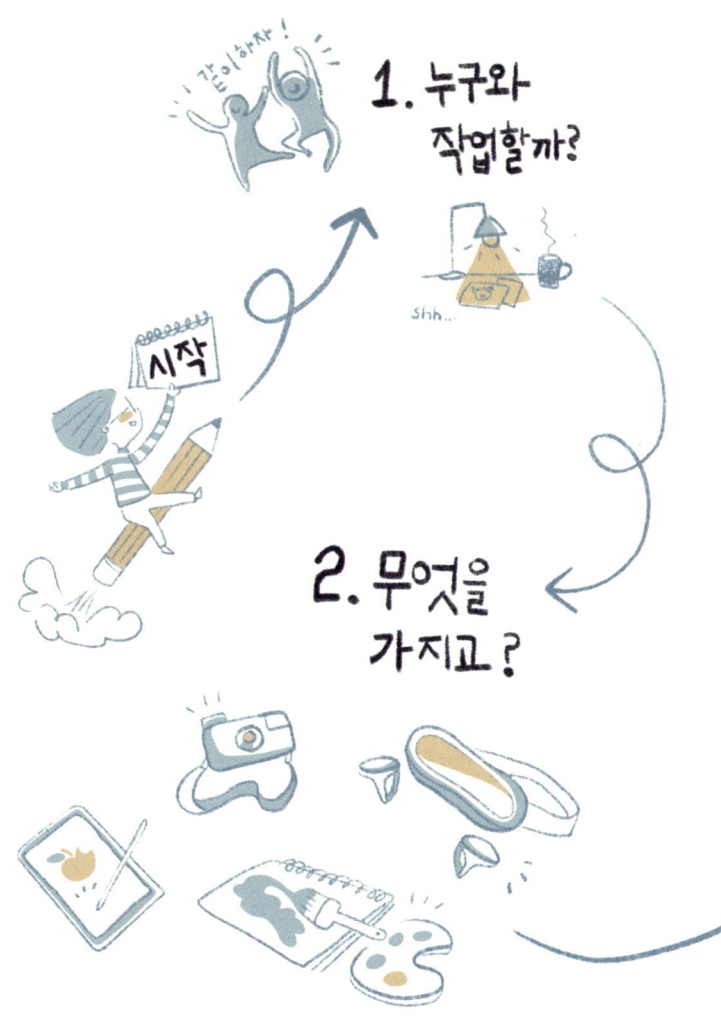

창작 활동의 방향은 정말 다양하다.

누구와 만들까?   혼자, 다른 크리에이터와 함께, 개발자와 함께
무엇을 만들까?   그림, 사진, 음악, *포토 콜라주, 영상, 조형, 퍼포먼스, 등등
어떻게 만들까?   수작업, 디지털 작업

처음 NFT 세계를 알게 되었을 때, 나는 혼자였다. 주변에 NFT에 관심을 가진 친구가 없었기 때문에 홀로 NFT 새내기가 될 수밖에 없었다. 그래서 내가 가장 쉽게 시작할 수 있는 작업 방법을 선택하기로 했다. 소재는… 차차 탐색하기로 하자.

어서 NFT 마켓플레이스 플랫폼에 작품을 판매해보고 싶은 마음이 굴뚝같다. 실험적으로 하나쯤 올려보는 것도 방법이지만, 어떤 작품을 만들고 싶은지 기획부터 차근차근 해보려 한다. 탄탄한 기획 위에 꾸준함이 피는 법이다. NFT를 체험이 아닌 경력으로 만들고 싶다면 조바심을 버려야 한다. 비록 NFT 새내기로 걸음마를 배우고 있지만, 크리에이터로서 분명 세상에 전하고 싶은 자기만의 세계관과 작품이 있기 때문에 NFT 세계에 입장했다는 것을 잊지 말자.

NFT 새내기가 되어 설렘을 안고 작업하는 작품. 어떻게 기획할지 다음 편에서 살펴볼까?

---

*   **포토 콜라주(photo collage)**: 콜라주는 여러 소재를 조합하여 독특한 시각 효과를 만들어내는 회화 기법의 한 종류이다. 포토 콜라주는 사진과 인쇄 이미지를 2점 이상 조합하여 이미지를 창작하는 기법을 말한다.

이야기가 있는
NFT 작품 만들기

　　　　　　　　11년 전, 프랑스에서는 국제학생증만 있으면 미술관과 박물관 입장료가 거의 무료였다.

　워킹홀리데이로 떠났던 파리. 프랑스어를 잘 못해서 답답한 일이 생길 때마다 미술관이나 박물관에 가서 기분을 풀곤 했다. 처음엔 여행 책을 들고 다니면서 유명한 작품을 보러 다녔다. 주변엔 나하고 비슷한 관광객들이 많았다. 세계적인 명작 앞에서 인증샷도 찍고, 괜히 작품 주위를 서성이다가 집으로 향했다. 그런데 참 이상했다. 도대체 감상을 한 것 같지 않았다.

　붐비는 관광객에 지쳤기 때문일까? 언제부터인지 나는 더 이상 책을 들고 미술관을 찾지 않았다. 그냥 전시관을 느긋하게 돌아보면서 눈길이 가는 작품들을 원하는 시간만큼 들여다봤다. 작가의 이름보다는 그냥 시선 끝에 걸리는 작품을 봤다. 그리고 작품 앞에 앉아서 그림이 무슨 이야기를 하려는 건지 골똘히 생각해보기도 했다.

무슨 이야기가 담겨있을까?

작품을 나름대로 해석하고 소화면서 비로소 예술을 즐길 수 있게 되었다. NFT 작품이 쏟아져 나오는 지금, 즐기는 마음으로 예술품을 감상했던 파리의 나날이 떠오른다. 누가 그린 그림인지, 유명한지 아닌지 잘 몰라도 좋다. 그저 마음이 끌리고, 시선이 가는 작품을 보는 재미가 있다.

파리의 미술관에서 예술과 친해진 것처럼 NFT 아트에 대해 더 알고 싶다. 아직 낯설지만 차차 알아가면서 나만의 창작 활동을 해보는 거다.

NFT 세계로 떠나는 나의 여정은 누군가에게 내 이야기를 하고 싶다는 자기 고백적인 본능으로부터 시작되었다. 나만의 이야기를 작품에 담아 스토리텔링storytelling이 있는 NFT 작품을 창작해보자.

내러티브, 그림 한 장으로 이야기하기

소설이나 영화 등 배경과 사건, 줄거리가 있는 이야기를 두고 내러티브narrative라고 한다. 그림 한 점에도 이야기가 담겨있다. 크리에이터는 이야기를 전달하기 위해 그림에 배경과 인물을 설치하고 상징과 의미를 숨겨둔다.

NFT 세계에서도 내러티브가 담긴 작품을 만날 수 있다. 많은 NFT 작품이 클리셰cliché와 메타포metaphor, 오마주homage, 미장센mise-en-scène 등의 표현 기법을 사용해서 내러티브를 풀어낸다. 물론, 특별한 이야기 없이 단순히 형태와 움직임 자체로 아름다운 표현을 만들어내는 작품도 많다. 하지만 분명 작가의 세계관을 반영한 작품의 스토리텔링은 그 작가의 다른 작품에도 호기심을 일게 하는 매력적인 장치이다.

🔸 NFT 작품에 꼭 내러티브가 필요할까?

모든 작품에 꼭 내러티브가 있어야 하는 것은 아니다. NFT 커뮤니티에서 한 작가의 추상화를 본 적이 있는데, 눈에 보이는 내러티브가 없음에도 불구하고 큰 감동을 주었다. 무엇이 사람의 마음을 움직이는지는 하나로 정의할 수 없다.

다만, 다른 사람에게 NFT 작품을 소개할 때 상대방이 이해하기 쉬운 작품 설명을 준비해두는 편이 좋다. 클럽하우스나 트위터에서 열리는 NFT 이벤트에 가면, 사람들은 작품의 내러티브에 귀를 기울이게 된다. 어떤 작품이든 작가가 들려주는 작품의 내러티브가 곁들여지면 NFT 작품에 대한 호기심과 호감이 커지고, 컬렉터에게 다가가기도 더 쉽다.

글쎄, 어떤 이야기를 하지?

NFT가 유명세를 타기 시작한 2021년 3, 4월 즈음엔 우주나 초현실적인 배경의 작품이 많이 보였다. 미래지향적이면서 신비롭고 추상적인 분위기를 조성하고, 작품에 다양한 효과를 적용해서 그러한 분위기를 더욱 돋보이게 했다.

시간이 조금 지나니까 접근하기 쉬운 수준의 작품도 늘어났다. *크립토펑크가 유명해진 뒤로는 **픽셀 아트 스타일의 작품이 유행했다. 명화를 픽셀 아트로 재해석한 작품을 쉽게 찾을 수 있었다.

우리가 쉽게 알아볼 수 있는 유명한 캐릭터나 상징을 살짝 꼬아 새로운 내용을 담은 패러디parody 작품도 어렵지 않게 찾을 수 있다. 이더, 비트코인, 도지코인 같이 암호화폐를 작품에 상징적으로 넣어서 NFT라는 생소한 개념을 작품과 연결시키려는 의도도 보였다.

NFT 마켓플레이스 플랫폼에서 스크롤을 내릴 때마다 색다른 작품, 새로운 스토리가 나와서 멀미가 날 것 같다. 플랫폼에서 판매 이력이 있는 작가들의 작품을 따로 찾아봤다. 인기가 많은 작품들은 저마다 뚜렷한 색깔이 있다. 표현 방법이나 기술은 둘째 치고, 작품마다 크리에이터가 하고 싶은 말을 일관성 있게 전달한다.

그래, 유행도 좋지만, 흔들림 없이 하고 싶은 이야기를 하는 것이 좋겠다고 결론을 내렸다.

---

* **크립토펑크(cryptopunk)**: 이더리움 기반의 NFT 아트 프로젝트. 2017년 라바랩스(Larva Labs)가 24x24 픽셀로 만들어진 1만개의 캐릭터를 가상자산으로 발행하였다. https://www.larvalabs.com/cryptopunks

** **픽셀 아트(pixel art)**: 그래픽 편집 툴을 사용하여 이미지를 픽셀 단위로 만들고 편집하는 디지털 아트의 한 종류.

⬥ 유행에 휘둘리지 않는 나만의 색을 찾아서

사실 픽셀 아트 스타일의 작품이 잘 판매되는 것을 보고, 나도 한번 해볼까 싶어서 픽셀 아트 앱을 여러 개 설치했다. 동물을 그렸다가, 유명 인사를 그렸다가, 게임 캐릭터도 그렸다. 픽셀 아트를 해본 적이 없어서 작업물의 퀄리티가 떨어졌다. 무엇보다도, 작업하는 동안 이 작품 속에 내가 무엇을 담고 싶은지 모르고 있었다.

새로운 스타일을 시도해보는 것은 좋았지만, 스스로조차 의도를 설명할 수 없는 작품으로 NFT 크리에이터 활동을 시작하고 싶지는 않았다. 결국 다시 원점으로 돌아왔다. 조금 시간이 걸리더라도 작품 속에 나의 색을 담을 수 있는 크리에이터가 되고 싶었기 때문이다.

다만 오해하지 않길 바란다. 트렌드를 기가 막히게 파악하고 자신의 스타일로 소화하는 NFT 크리에이터들을 정말 많이 만났다. 개성 있는 크리에이터에게 트렌디함은 강력한 무기다. 나의 경우엔, 능력이 그만큼 따라주지 않아서 다른 길을 선택했을 뿐이다.

NFT 작품 활동에 지름길이나 왕도는 없다. 크리에이터가 원하는 이야기, 작품 세계, 작업 방식을 선택해서 쭈~욱! 마음대로 NFT 세계를 탐험해보자.

나는 어떤 이야기를 하고 싶은 걸까?

작품을 통해 하고 싶은 이야기는 어떤 것이 있을까, 손이 가는 대로 종이에 적어봤다. 짤막한 일상의 조각들이 그려졌다. 지나치게 단편적인 소재보다는, 국수 가락처럼 긴 호흡으로 끊기지 않고 후루루룩 넘어가는 주제를 찾고 싶었다.

깊이 생각하지 말 것. 떠오르는 단어를 그대로 받아쓰고,
선으로 이어보자.
노트에 뿌려졌던 단어들이 조금씩 그룹으로 묶인다.

이야기의 소재를 찾아 마인드맵mind map을 그려봤다. 머리에 떠오르는 대로 단어를 나열하고, 줄기를 뻗어가며 이야기 다발을 찾았다. 깊이 생각하지 않고 머리에 떠오르는 단어를 모두 적어 선으로 잇는 작업을 몇 번 반복하니 서서히 주제가 선명해졌다.

내가 선택한 주제는 '런던에 사는 이방인의 사랑과 삶'이었다. 런던의 이방인으로 살며 경험한 것들을 그림으로 표현하고 싶었다. 그동안 마음 속에 쌓아 두었던 주제인데, NFT 새내기가 되기로 결심했더니 용기가 났는지 마음 속 이야기를 꺼내 들여다볼 수 있었다.

주제를 정하고 NFT 마켓플레이스 플랫폼을 다시 돌아보았다. NFT의 젊고 트렌디한 특성 상 작품의 성격 역시 밈meme을 활용한 가볍고 재미있는 분위기가 지배적인데, 내 이야기는 그에 비해 너무 진지해서 어울리지 않는 건 아닐까 걱정되는 마음도 있었다. 그래도 하고자 했던 바를 끝까지 이뤄보자는 생각으로! 마음 가는 대로 쭈욱 작품 활동을 하기로 했다.

구체적인 세계관을 만들 때는 육하원칙을 생각하자

주제는 정해졌다. 이것저것 떠오르는 게 많지만, 작품에 자연스럽게 담기 위해서는 더 구체화해야 한다. 주제를 더 깊숙이 들여다보기 위해 육하원칙에 따라 단편적인 생각들을 정리해보았다.

언제	국제 커플로 지낸 10년. 처음 만났던 순간, 기억에 남는 순간을 그려 보자.
어디서	런던과 서울.
누가	나와 배우자. '나'는 런던에 오기 전까지 한국에서 나고 자라며 이방인으로 살아본 적 없는 인물이다. '배우자'는 자메이카 이민자 2세로서 런던에서 태어나 자랐지만, 영국과 자메이카의 문화를 함께 경험하며 자랐다. 우리 둘의 이야기이자 모든 국제 커플과 이방인의 이야기이다.
무엇을	나와 배우자가 겪은 일과 그때의 감정. 도시에서 이방인이 겪는 일을 영화 〈레옹(Léon, 1994)〉의 화분에 비유해서 함축적으로 그린다.
어떻게	색에 감정을 담아. 이방인 커플의 피부색을 표현한다. 감정을 색으로 치환해서 대비 및 융합한다. 색이 섞이는 것을 잘 표현할 수 있도록 오일 페인팅 기법을 사용한다.
왜	국제 커플을 향한 사람들의 시선에 질문을 던진다. 우리를 '글로벌 커플' 또는 '미래지향적인 커플'이라고 부르거나, 뒤에서 수군거리는 사람들을 만나왔다. 두 이방인의 연애와 결혼 생활을 담담하게 이야기하고 싶다.

이야기를 담은 컬렉션

 육하원칙에 따라 주제를 구체화하고 보니, 하고 싶은 이야기가 참 많았나 보다. 어떻게 10년 동안 겪은 많은 사건과 에피소드를 NFT로 엮을 수 있을까?

이런 일도 있었지!
기억이 새록새록 솟아난다 히히!

연작 소설이나 여러 시리즈로 연결되는 장편 영화처럼, NFT 작품도 시리즈로 만들 수 있다. 같은 주제 아래 엮인 여러 작품을 컬렉션 collection이라고 하는데, 오픈씨에서도 작품을 컬렉션 단위로 편리하게 관리할 수 있다.

작품들 사이에 유기적인 이야기가 지속되는 것이 컬렉션의 매력이다. 오픈씨에서는 컬렉션을 여러 개 만들 수 있어서 각 컬렉션에 어울리는 작품을 꾸준히 채워나가는 재미가 있으니 동시에 다양한 주제의 이야기가 떠오른다면 컬렉션으로 묶어 연재하자.

《Future Couple》 컬렉션 스케치

소재 노트에 띄엄띄엄 적힌 이야기 다발에서 다섯 개를 골라냈다. 이야깃거리는 정해졌으니 이제 그림으로 담아낼 차례. 다음 단계는 스케치다. 스케치북에 쓱쓱 손이 가는 대로 그려본다.

스케치는 자유롭게 하되, 화면 비율을 고려해야 한다. 예를 들어, 인스타그램은 일대일 비율로 작업해야 잘리는 부분 없이 예쁘게 보인다. NFT 작품도 같은 비율로 작업하는 것을 추천한다. 오픈씨를 비롯해서 여러 NFT 마켓플레이스 플랫폼들이 작품을 일대일 비율로 보여주기 때문이다. 또 작품을 일대일 비율로 작업해두면 소셜 네트워크에 홍보용 이미지나 영상을 올릴 때도 편리하다는 장점이 있다.

작품의 비율이 일대일이 아니어도 너무 걱정하지 말자! 오픈씨의 경우, 컬렉션을 만들 때 어떤 비율로 작품을 보여줄 것인지 크리에이터가 설정할 수 있다. 특히 AR(Augmented Reality, 증강현실)이나 VR(Virtual Reality, 가상현실) 작품이라면, 작품 디스플레이 옵션을 통해 작품이 제일 잘 보이는 디스플레이 옵션을 선택하자.

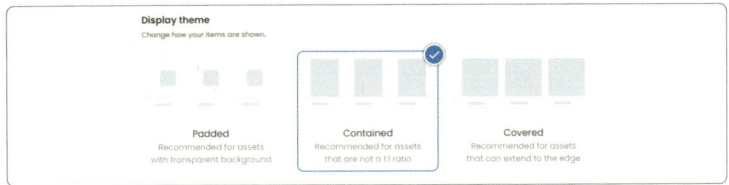

디스플레이 옵션을 통해 어떤 비율로 작품을 보여줄지 설정할 수 있다.

여러분의 작품 기획 과정이 이 책에서 소개한 것과 달라도 걱정하지 말자. 크리에이터마다 작품을 구상하고 제작하는 과정은 천차만별이다. 내 경우엔 주제를 정하고 난 후에 자세한 요소들을 더했지만, 똑같이 따라 할 필요는 없다. NFT 크리에이터 자신에게 가장 편한 방법으로 컬렉션을 만들어보자.

디지털 작업에 도전해보자

자, 이제 손으로 스케치했던 이야기들을 디지털로 옮길 시간이다. 벌써 디지털 툴로 스케치를 마친 크리에이터라면 잠시 한숨 돌려도 될 것 같다.

손으로 스케치와 드로잉을 작업을 하는게 익숙한 크리에이터라면, 다음 페이지에서 디지털 작업에 대해 탐구해보자. 지금까지 작업한 피지컬 작품이 NFT로 탄생할 수 있도록, 디지털 드로잉에 대해 알아볼까?

숨겨진 첫 컬렉션 《Alice in NFT World》

이 책에서는 NFT판매가 가장 많이 이루어진 《Future Couple》 컬렉션을 예로 들었지만, 사실 가장 처음 작업한 컬렉션은 《Alice in NFT World》이다. 《Alice in NFT World》는 NFT 새내기의 여정을 표현한 다섯 개의 작품으로 이루어진 컬렉션이다.

컬렉션 초반 기획 노트의 일부를 가져왔다.

> **이상한 나라의 앨리스 콘셉트**
> - NFT 새내기 시점에서 모든 과정을 솔직하게 보여주는 이야기를 작품으로 만든 사람은 별로 없네?
> - 초보가 초보에게 설명해 주는 느낌, 코믹하고 가벼운 이야기
> - NFT 새내기라면 공감할 수 있는 내용

이 책을 집필하며 오랜만에 앨리스 컬렉션을 돌아보았다. 용기 내어 작업한 이 컬렉션이 있었기 때문에, 크리에이터로서 지금의 내가 있지 않았을까? 어설프지만 솔직한 나의 NFT 새내기 시절이 그대로 담겨있어서 반갑고, 기뻤다.

디지털 드로잉 도구를
정해보자

 익숙하게 스케치북을 펼치고 종이에 펜으로 슥슥 마음 가는 대로 스케치할 때까지는 딱 좋았다. 이대로 스캔해서 민팅할까… 잠시 유혹에 빠질 뻔했지만, 그래도 디지털 드로잉에 도전하기로 결심했으니까 새로운 마음으로 작업을 이어갔다.

 《Future Couple》은 다섯 개의 이야기로 구성된 컬렉션이다. 포기하지 않고 다섯 개의 작품을 끝까지 올리려면 할 수 있는 것부터 차근차근 해나가는 게 중요하다. 우선 디지털 드로잉에 필요한 장비와 소프트웨어를 갖추고 작업을 시작해보자!

장인은 도구를 탓하지 않는다지만…

디지털 드로잉에 익숙하지 않은 사람은 솔직히 장비가 받쳐주면 땡큐다. 데스크톱, 태블릿 PC, 그래픽 태블릿이나 스마트 펜슬 등 다양한 선택지가 있고, 그중 어떤 것이 가장 좋다고 말하기는 어렵다. 각자의 취향과 방식에 따라 잘 맞는 장비가 다르기 때문이다. 스스로 잘 다룰 수 있고, 필요한 기능이 있는 것을 찾아 선택하는 것이 좋다.

새로운 도구를 사용하면 초반 적응 기간은 아무래도 답답하다. 하지만 디지털 툴이 손에 익을수록 애니메이션과 특수 효과를 사용해서 피지컬 드로잉과는 다른 디지털 드로잉만의 다양한 시도를 할 수 있다. 디지털 드로잉의 매력을 알게 되면 답답했던 시절은 까맣게 잊어버릴 만큼 재미있는 순간이 찾아오니까 끈기를 가지고 적응 기간을 가져보자.

아이패드, 꼭 필요할까?

NFT 새내기가 되기로 결심하고, 아이패드와 애플 펜슬을 살까 말까 고민을 정말 많이 했다. 속성으로 디지털 드로잉을 가르치는 온라인 강좌를 살펴봤는데, 아이패드와 프로크리에이트Procreate라는 앱을 사용하는 경우가 대부분이었기 때문이다. 그러나 초기 예산을 빡빡하게 짜는 바람에 결국엔 아이패드 없이 NFT 컬렉션을 만들게 됐다.

아이패드 대신, 소장하고 있는 윈도우 서피스Window Surface 노트북 컴퓨터를 사용했다. 이 노트북 컴퓨터는 태블릿 pc처럼 터치스크린을 사용할 수 있고, 전용 스마트 펜이 있어서 아이패드와 비슷한 장비 세팅이 가능했다. 덕분에 드로잉 전용 소프트웨어 어도비 프레스코 Adobe Fresco를 처음으로 사용해봤다. 디지털 드로잉이 가능하긴 했지만, 컴퓨터의 사양이 워낙 낮아서 작업 도중에 먹통이 되기 십상이었다. 오락가락하는 윈도우 서피스로 《Alice in NFT World》와 《Future Couple》 컬렉션을 제작하고 민팅까지 해냈다.

작업 효율을 올리고, 나의 멘탈을 건강하게 다스리려면, 장비 업그레이드를 해야 할 것 같아 결국엔 중고 아이패드와 애플 펜슬을 샀다. 아이패드와 프로크리에이트를 사용하기 시작하니까 확실히 작업 속도가 빨라졌고, 애니메이션 작업도 한결 쉽게 느껴졌다.

결론은? 디지털 드로잉에 아이패드가 꼭 필요하다고 할 수는 없지만, 마땅한 대체 장비가 없다면 예산에 맞는 선에서 구매를 고려하자. 나의 경험을 바탕으로 프로크리에이트와 어도비 프레스코 모두를 소개해볼 테니 입맛에 맞는 소프트웨어를 골라 사용하길 바란다!

프로크리에이트와 어도비 프레스코

디지털 드로잉 초보에게 잘 알려진 드로잉 앱, 프로크리에이트와 어도비 프레스코에 대해 알아보자. 두 소프트웨어는 기본적인 사용 방법이 비슷하지만, 차이점도 있다. 프로크리에이트와 어도비 프레스코는 둘 다 유료 구독형 앱이니, 장단점을 이모저모 비교해보고 원하는 조건의 툴을 신중하게 선택하길 바란다.

	프로크리에이트	어도비 프레스코
사용 가능한 운영체제	iPadOS 전용	iPadOS, iOS와 Window
요금 정책	유료 다운로드	무료 다운로드 + 부분 유료 구독
호환 가능한 소프트웨어	어도비 포토샵	어도비 포토샵, 어도비 일러스트레이터
선 그리기	손 떨림 방지가 가능하다. [퀵 셰이프] 기능으로 직선과 곡선, 도형을 깔끔하게 그릴 수 있다.	섬세한 브러시 표현이 가능하다.
애니메이션 기능 지원	[애니메이션 어시스트] 기능으로 프레임바이프레임(frame by frame) 애니메이션을 구현한다.	[애니메이션] 기능으로 프레임바이프레임 애니메이션을 지원한다. [패스(path) 애니메이션] 기능으로 애니메이션을 자동화한다.

프로크리에이트의 장점이 편리한 제스처와 기능이라면, 어도비 프레스코는 실제로 종이에 그리는 듯한 풍성한 표현이 돋보인다. 특히, 어도비 프레스코는 수채화나 유화 브러시를 사용해서 색의 섞임과 질감을 표현할 때 디테일이 아주 잘 살아난다. 프레스코로 작업한 드로잉을 출력해서 전시한 적이 있는데, 직접 물감을 사용한 것만큼 표현되어서 퀄리티에 만족했다.

어도비 프레스코가 제공하는 기본 브러시도 훌륭하지만, 색다른 커스텀 브러시를 다운로드받아 사용하고 싶다면 유료 구독으로 요금제를 전환하면 된다. 어도비 프레스코는 유료 구독자에게만 모든 기능을 잠금 해제해주기 때문이다.

프로크리에이트 역시 기본 브러시 외에 방대한 커뮤니티를 기반으로 한 다양한 커스텀 브러시를 다운로드할 수 있다. 프로크리에이트는 유료 앱이지만 어도비 프레스코와 마찬가지로 커스텀 브러시는 별도로 구매해야 한다. 브러시는 무료로 배포되는 것도 있고, 유료로 판매되는 것도 있으니 두루두루 살펴보고 필요에 따라 구비하자.

디지털 드로잉의 꽃, 레이어

 피지컬 드로잉과 디지털 드로잉의 가장 큰 차이는 레이어layer의 유무이다. 처음에는 디지털 드로잉에 익숙하지 않고 레이어의 중요성을 잘 몰라서, 레이어 한 장에 스케치와 채색을 몽땅 했다가 지울 때 애를 먹기도 했다. 적응기에는 연필과 지우개가 아주 많이 그리웠다.

 레이어는 투명한 셀로판지라고 생각하면 이해하기 쉽다. 이 셀로판지를 여러 장 겹쳐서 하나의 그림을 만드는 것이다. 디지털 드로잉 크리에이터들은 Ctrl+Z(되돌리기) 기능과 더불어 디지털 드로잉 프로그램의 가장 핵심적인 기능으로 이 레이어를 꼽는다. 레이어가 왜 필요할까?

위와 같이 루미블루 캐릭터를 그렸다고 생각해보자. 캐릭터의 볼터치 색깔을 바꾸고 싶다면, 종이 위에 그린 그림에서는 다른 것을 지우지 않고 볼터치만 다시 그리기가 매우 어렵다. 그러나 디지털 드로잉에서는 볼터치가 그려진 [채색용 레이어]만 다시 그리면 된다! 레이어를 잘 정리해두면 드로잉의 일부를 수정을 할 때나 애니메이션 효과를 추가할 때도 편하다.

작품을 움직이게 하는 애니메이션 효과 추가하기

NFT 마켓플레이스 플랫폼에서 판매 중인 작품들을 둘러보면 크고 작은 애니메이션 효과가 들어간 것을 볼 수 있다. 스케치가 완성되었다면 욕심을 내서, 애니메이션 효과를 추가해보자. 분명 컬렉터들의 눈길을 사로잡을 수 있을 것이다.

프로크리에이트와 어도비 프레스코를 사용하여 애니메이션을 제작하기 전에 프레임과 레이어의 관계를 잘 이해하는 것이 중요하다.

고등학생 시절, 컴퓨터 시간에 수행평가로 어도비 플래시Adobe Flash를 사용한 간단한 애니메이션 만들기를 한 적이 있다. 그때는 어린 생각에 '이거 언제 써먹겠냐?'라고 생각하고 수업을 열심히 듣지 않았다. 시간만 때우다 결국 수행평가도 엉망진창… 하… 그때 내가 왜 그랬을까?

지나간 일을 후회해서 무엇할꼬. 지금부터라도 프레임과 레이어에 대해 제대로 알아보자. 일단 드로잉 툴에서 애니메이션은 여러 프레임을 연속적으로 빠르게 보여줘서 이미지가 움직이는 것처럼 보이게 만드는 기능이다. 이렇게 구현되는 애니메이션을 프레임 바이 프레임frame by frame 방식이라고 한다. 기본적으로는 프로크리에이트와 어도비 프레스코 모두 같은 방식의 애니메이션을 지원한다.

　레이어를 투명한 셀로판지라고 설명했는데, 프로크리에이트에서 프레임은 이 레이어를 겹쳐 만든 이미지를 말한다. 프로크리에이트의 [애니메이션 어시스트] 기능을 사용하면 모든 레이어가 프레임으로 작동한다. 즉, 레이어 한 장이 애니메이션 프레임 한 장과 같다. 다섯 개의 프레임으로 애니메이션을 만들려면 레이어 5장이 필요하다. 또는 여러 레이어를 그룹으로 묶어 프레임으로 만들 수도 있다.

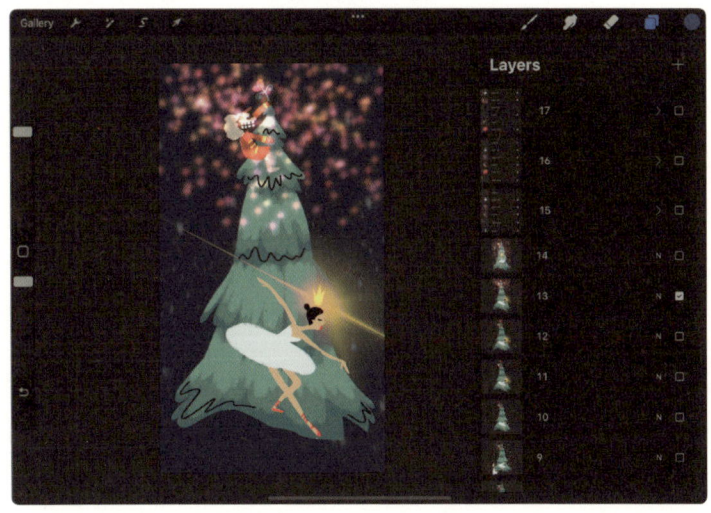

반면, 어도비 프레스코의 [애니메이션]은 레이어에 프레임을 추가하는 방식이다. 위와 같이 다섯 개의 프레임을 연속해서 보여주는 애니메이션을 만들기 위해 프로크리에이터가 다섯 개의 레이어를 사용했다면, 어도비 프레스코는 레이어마다 프레임을 추가할 수 있다. 즉, 레이어 한 장 안에 프레임이 여러 장 들어가는 방식이다.

　각 프레임마다 그림을 그리고, 여러 장의 프레임을 연속으로 보여줬을 때 그림이 자연스럽게 움직이도록 만들어보자. 프레임의 장수가 많을수록 움직임이 자연스러워진다.

새로운 형식으로 그려보기

　NFT 마켓플레이스 플랫폼에는 2D 애니메이션 작품뿐만 아니라, 입체적인 3D 작품도 많다. 한때 VR과 AR에 관심이 생겨서 당시 근무하던 회사에서 개최한 3D 아트 제작 워크숍에 참가했는데, x, y, z축의 움직임을 이해하지 못해서 수업 내내 헤매던 기억이 있다. 그만큼 나는 3D 아트나 영상 제작에는 까막눈이지만… NFT 세계에 발을 들였으니, 점과 선으로만 표현하는 2D를 넘어 공간을 표현하는 3D 아트에 도전하고 싶다는 욕심이 생긴다.

　3D 아트를 구현할 수 있는 디지털 툴로는 *블렌더Blender를 추천한다. NFT 커뮤니티에서 크리에이터들이 서로 무슨 툴을 사용하는지 묻거나 추천하는 대화를 종종 듣곤 하는데, 블렌더가 가장 대중적으로 사용되고 있는 듯하다. 무엇보다 블렌더는 무료다.

　사실, 나의 3D 작품은 아직 연습 단계에 머물러있다. 제일 어려운 것은 선에 의존하지 않고 형태를 만드는 것이다. 연필이든 펜이든, 선으로 경계를 뚜렷하게 해야 형태가 드러나는데 3D는 선 없이 입체적인 개체를 빚어야 해서 어렵다. 의도적으로 선을 사용하지 않으려 하니 많이 어색하다. 면과 공간의 차이가 이렇게 다르구나… 앞으로도 꾸준히 연습해서 디지털 드로잉과 툴에 익숙해져야겠다.

　새로운 툴을 사용해 작업하니까 손발을 새로 단 것 같다. 디지털 툴

---

*　**블렌더(Blender)**: https://www.blender.org

선을 사용하지 않는다는 게 아직 어색하다.

을 이용해 작품을 만들고 재미있는 효과를 추가해본 것만으로도 즐겁다. 이야기를 표현하고 싶은 대로 표현할 수 있을 때까지 꾸준하게 계속 연습해보자!

디지털 드로잉 툴 사용 시 주의할 점

앱스토어AppStore나 구글 플레이 스토어Google Play Store에 검색해보면 디지털 드로잉과 3D 아트 작업을 위한 무료 툴이 많다. 이 책에서 소개한 툴 외에도 다양한 툴이 있으니, 본인에게 잘 맞는 툴을 선택해서 사용하면 된다.

NFT 작품 판매를 목표로 드로잉을 하는 새내기라면 반드시 해당 툴의 '상업적 사용 정책'을 확인해야 한다. 종종 드로잉 툴을 통해 작업한 결과물을 상업적인 용도로 사용할 수 없는 경우도 있기 때문이다.

작품에 폰트가 삽입되는 경우에도 해당 폰트가 상업적으로 사용할 수 있는지 반드시 확인해야 한다. 무료로 배포된 폰트라서 안심하고 사용했다가 자기도 모르는 새 정책을 위반하는 일이 생길 수도 있기 때문이다.

드디어 디지털 드로잉을 마치고 NFT 작품을 완성했다. 이런저런 시행착오 끝에 마침내 여기까지 왔다. 오픈씨에 나만의 NFT 작품을 민팅할 시간이 임박했다. NFT 새내기에게 잊지 못할 특별한 경험이 기다리고 있다. 이제 직접 작품을 NFT로 만들어보자!

두 걸음 | 디지털 아트와 만나기

내 손으로 직접
NFT 민팅하기

          NFT 새내기가 이리 박고 저리 박으며 준비해 온 것들이 빛을 발하는 날이 밝았다. 드디어 직접 NFT를 민팅하는 날이 오다니! 오픈씨 민팅, 하나씩 체크하면서 진행해보자.

  오픈씨에서 작품을 판매하기 위해서는 일단 작품을 *민팅해야 하고, 그 다음에는 민팅된 작품을 **리스팅해야 한다.

  열심히 작업한 작품을 마켓플레이스 플랫폼에서 판매하려면 NFT를 어떤 방식으로 판매할 건지, 그리고 작품의 가격은 어떻게 정할 건

---

*　**민팅**: 디지털 자산을 NFT로 발행하는 것
**　**리스팅**: 민팅한 작품을 판매 등록하는 것

지 미리 고민해봐야 한다. 우선 오픈씨에서 작품을 판매하는 방법에 대해 알아볼까?

오픈씨에서 NFT를 판매하는 세 가지 방법

오픈씨에서 크리에이터와 컬렉터는 세 가지 방식으로 작품을 거래할 수 있다.

첫 번째는 고정가fixed price를 지정하는 것이다. 크리에이터가 작품에 가격을 지정하고, 컬렉터는 원할 때 언제든지 고정가에 작품을 구매한다. 크리에이터와 컬렉터 모두에게 간단한 방법이다.

두 번째는 경매bid에 부치는 것이다. 작품을 경매에 부치면 물론 고정가로 판매할 때보다 작품이 높은 가격으로 거래될 가능성이 크지만, 크리에이터의 할 일도 많아진다. 더 높은 가격을 제시하는 사람이 있는지 확인해야 하고, 경매 가격을 조정하고, 작품이 낙찰되었을 때 수수료도 바로 계산해야 한다.

세 번째는 묶음bundle 판매다. 말 그대로 크리에이터가 작품 여러 개를 묶어서 판매할 수 있다. 한 크리에이터에게서 여러 개의 작품을 사려는 컬렉터가 작품 하나하나를 구입할 때마다 발생하는 수수료를 아끼기 위한 방법이다. 크리에이터가 묶음 판매를 승인하면 컬렉터는 한번에 여러 개의 작품을 구매할 수 있고 가스비도 한 번만 결제하면 된다.

눈치 싸움에 자신이 없던 나는 작품을 고정가에 판매하기로 했다.

NFT 경매가 어떻게 이루어지는지 알아보고 싶은 새내기라면, 과감하게 경매에 도전하는 것도 좋다.

NFT 작품의 가격은 누가, 어떻게 정할까?

앞에서 NFT란 진품 인증서와 같다고 했다. 물건이 진품이면 전문 감정사가 가치를 현금화해서 가격을 매긴다. 그런데 NFT 시장에는 감정사가 없다. 그럼 NFT 작품의 가치와 가격은 누가 정하는 걸까?

정답은 바로 크리에이터 자신이다. 미술 시장에서는 작품의 크기, 작가의 전시 이력, 작품의 상태 등 어느 정도 평가 기준이 있는 것에 비해, NFT 아트 시장에서는 크리에이터가 스스로 작품의 가치를 정의한다. NFT 세계는 크리에이터의 노력과 독창성이 누구에게도 평가받지 않고 그 자체로 인정되는 곳이기 때문이다. 작품의 가치를 크리에이터가 직접 자유롭게 정한다는 것이 NFT 아트 시장의 특징이지만, NFT 새내기로서는 당황스러운 일이기도 하다.

파일의 크기나 형식에 따라서 시장 평균가라도 귀띔해주면 좋겠는데, 가격 입력란은 담백하게 빈칸뿐이다. 비슷한 파일 크기, 화풍, 또는 애니메이션 효과의 정도 등등 나만의 기준을 나름 세워서 가격 비교를 했다. 가격 조사를 끝낸 후에, 가장 비슷하다고 생각한 작품들의 가격을 기준으로 평균을 냈다.

작품 판매 경험이 있는 크리에이터에게도 가격은 항상 고민거리이다. 커뮤니티 활동을 하면서 몇몇 컬렉터와 대화하다가, 여러 장의 에

《Future Couple》 컬렉션 가격 정하기

전시에 출품한 적이 없는 작품의 가격을 0.07ETH로 정하고,
갤러리에 전시한 적 있거나, 컬렉션에서 가장 아끼는 작품이라거나,
작업 시간이 추가로 들었던 작품의 가격은 0.1ETH로 정했다.

디션으로 발행된 작품보다 단 한 장뿐인 작품에 더 높은 가격을 지불할 의향이 있다는 의견을 종종 들었다. 작품의 퀄리티가 보장된다면, 컬렉터는 더 비싸게 구매하더라도 '희소성'을 지닌 작품을 소장하고 싶어한다는 것이다.

여태까지 나의 작품들은 모두 에디션으로 발행했기 때문에, 나중에 새로운 시리즈를 작업할 때 민팅할 작품의 수나, 판매 전략에 대해서 다시 고민해보기로 했다.

새내기의 첫 민팅은 가볍게 해보는게 좋다. 작품을 판매 등록하는 시점부터 가스비가 발생하기 때문이다. 초반부터 너무 많은 작품을 민팅하면 그만큼 가스비도 부담스러워진다. 소량의 작품을 조금씩 테스트해보고, 자신감이 붙으면 조금씩 판매 규모를 키워보자.

작품 판매 방법과 가격 설정에 대해 고민해봤다면 이제 본격적으로 작품을 오픈씨에 판매할 차례다.

오픈씨 컬렉션을 만들어보자

《Future Couple》 컬렉션은 다섯 개의 작품으로 구성되어 있다. 이렇게 주제가 이어지는 여러 개의 작품을 오픈씨에서는 컬렉션으로 등록할 수 있게 했다. 컬렉션 페이지에서 새로운 작품을 컬렉션에 추가할 수도 있고, 여러 컬렉션을 한눈에 보며 관리할 수도 있다. 각 컬렉션마다 고유 페이지로 연결되는 URL을 만들 수 있어서 특정 컬렉션을 집중적으로 홍보할 때 편리하다.

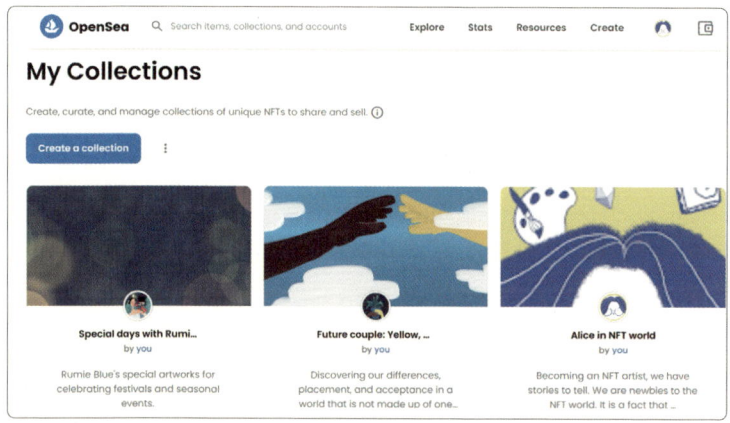

컬렉션이 여러 개일 때 컬렉션 페이지에서 컬렉션별로 나누어 볼 수 있다.

계정을 만들었다면 지금부터 컬렉션 페이지를 만들어보자. 오픈씨 상단 우측의 [계정account]에서 [내 컬렉션My Collections]을 클릭한다.

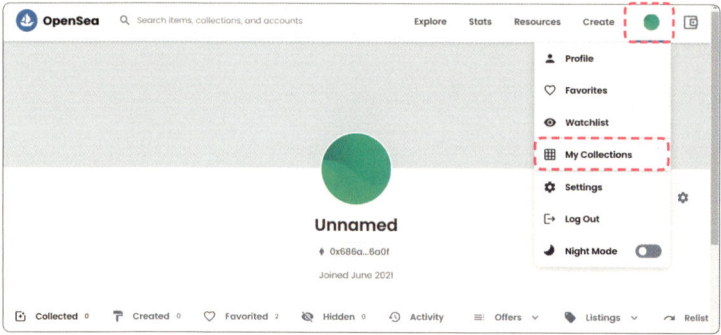

[계정account → 내 컬렉션My Collections] 페이지에 들어와서 상단의

[컬렉션 만들기]Create a collection] 를 클릭한다.

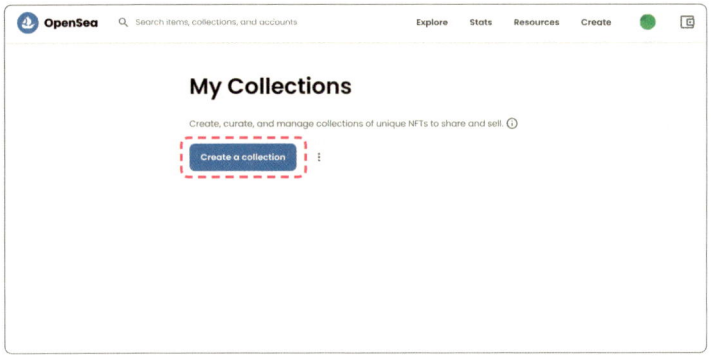

컬렉션을 생성하기 위해 필요한 정보를 입력해야 한다. 많은 항목이 있지만 그중에서도 별표*가 있는 것은 필수 입력란이니 반드시 작성해야 한다.

오픈씨가 컬렉션 등록을 위해 크리에이터에게 요구하는 정보는 다음과 같다.

로고 이미지
Logo image

필수 입력 항목. 컬렉션의 로고가 될 이미지. 350×350 사이즈를 권장한다.

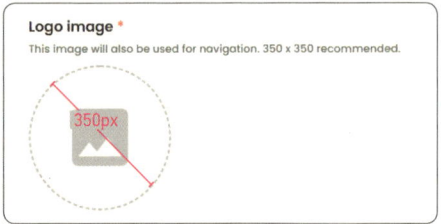

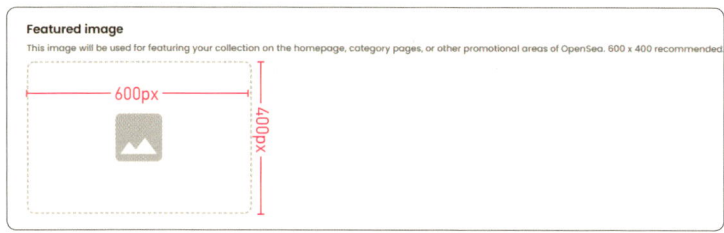

대표 이미지
Featured image

오픈씨 홈페이지와 프로모션 페이지에서 볼 수 있는 컬렉션의 대표 이미지. 대표 이미지 사이즈가 너무 크면 로딩이 오래 걸리기 때문에, 600×400 사이즈를 권장한다.

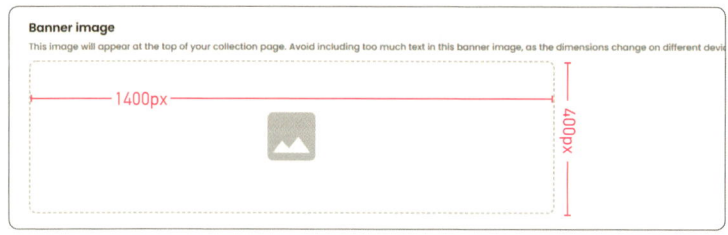

배너 이미지
Banner image

컬렉션 페이지의 상단에 보일 배너 이미지. 기기마다 다르게 보일 수 있기 때문에 텍스트가 많은 이미지는 피하는 것이 좋다. 1400×400 사이즈를 권장한다.

컬렉션 이름
Name

필수 입력 항목. 컬렉션의 이름을 입력한다.

```
URL
Customize your URL on OpenSea. Must only contain lowercase letters, numbers, and hyphens.

https://opensea.io/collection/treasures-of-the-sea
```

URL

컬렉션으로 바로 연결되는 맞춤 주소 URL을 만들어 입력한다.

```
Description
Markdown syntax is supported. 0 of 1000 characters used.
```

컬렉션 소개글
Description

컬렉션을 소개하는 글을 쓰자. 영문 기준 최대 1,000자까지 쓸 수 있다.

```
Category
Adding a category will help make your item discoverable on OpenSea.

   Add category
```

카테고리
Category

작품의 카테고리를 선택한다. 선택지는 아트(Art), 음악(Music), 사진(Photography) 등.

```
Links
   yoursite.io
   https://discord.gg/abcdef
   https://www.instagram.com/YourInstagramHandle
   https://www.medium.com/@YourMediumHandle
   https://t.me/abcdef
```

링크
Links

크리에이터의 소셜 네트워크 채널로 이동할 수 있는 주소. 여러 SNS의 주소를 복수 기재할 수 있다.

2차 판매 수수료
Creator earnings

작품의 2차 판매 수수료. 최대 10%까지 설정할 수 있다.

블록체인
Blockchain

거래에 사용할 블록체인을 선택한다. 이더리움(Etherium)과 폴리곤(Polygon) 중에서 선택할 수 있다.

결제 단위
Payment tokens

오픈씨는 기본적으로 ETH와 WETH을 지원한다.

디스플레이
Display theme

컬렉션 화면에서 각 작품이 어떤 비율로 보일지 설정할 수 있다.

노골적이고 민감한 콘텐츠
Explicit & sensitive content

이 옵션을 활성화하면 미성년자 또는 노골적이고 민감한 콘텐츠의 노출을 원하지 않는 구매자에게 적합하지 않은 콘텐츠로 식별된다.

 ETH와 WETH

컬렉션 등록 페이지의 입력란 중 결제 단위 Payment tokens 항목은 ETH와 WETH 두 가지 옵션을 기본적으로 제공한다. ETH와 WETH는 뭘까?

일단 WETH와 ETH는 동일한 가치를 가진 화폐다. WETH를 이해하기 위해서는 알트코인과 ERC20에 대해 알아야 하는데, 간단히 설명하자면 다음과 같다.

* **알트코인**Alternative coin, Alt-coin : 비트코인의 소스코드로부터 파생된 후발 암호화폐를 통틀어 일컫는 것. 이더도 알트코인에 속한다.
* **ERC20** : 이더리움 토큰을 구현하는 표준 규격 중 하나.

알트코인은 기본적으로 ERC20 표준에 따라 만들어졌는데, 문제는 정작 ETH는 ERC20을 따르지 않아서 ETH와 다른 알트코인 사이에 교환이 불가능하다는 것이다. 이 문제를 해결하고자 만든 것이 WETHWrapped ETH이다. 즉, ETH를 다른 알트코인과 교환하려면 먼저 ETH를 WETH로 변환한 후에 WETH를 다른 알트코인과 교환해야 한다.

암호화폐 지갑cryptocurrency wallet을 가지고 있다면 누구나 손쉽게 ETH를 WETH로 변환할 수 있고, 반대로 변환하는 방법도 똑같이 쉽다. 하지만 ETH 와 WETH를 서로 변환하는 과정에서 이더리움 네트워크를 사용하기 때문에 매번 가스비가 든다.

복잡한 내용이라 이해하기 어려울 수 있지만 괜찮다. 지금 당장 ETH를 다른 알트코인과 교환할 일이 없다면, 오픈씨 컬렉션 등록 페이지의 결제 단위 Payment tokens에서 ETH를 선택하면 된다.

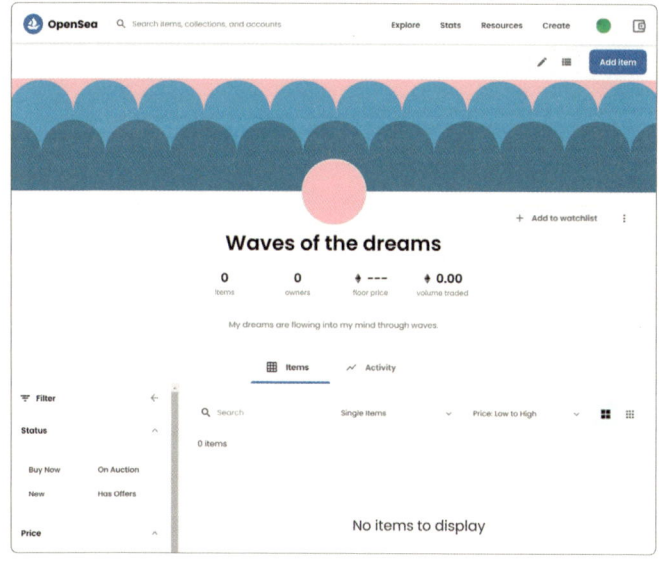

필수 입력 항목에 요청한 정보를 모두 입력하고 나면, 컬렉션 페이지가 성공적으로 만들어진다!

컬렉션에 들어갈 작품을 등록해보자

이제 작품을 NFT로 만드는 단계, 민팅할 차례다. 컬렉션 페이지 우측 상단에 [아이템 추가Add item]를 누른다.

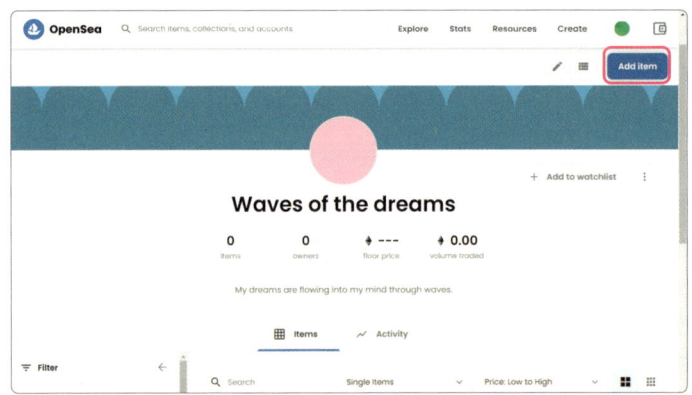

작품을 에디션으로 발행하는 법은?

작품을 에디션으로 발행하고 싶다면 작품의 상세 정보를 입력하기 전에 한 단계를 더 거쳐야 한다. 에디션은 '공급Supply' 입력란에 적힌 숫자대로 발행된다. 만일 공급Supply에 10을 입력하면 같은 작품이 10개 발행되는 것이다.

그런데 공급Supply은 기본적으로 비활성화 되어있다. 만약 수량을 입력하고 싶다면 민팅 페이지 URL 맨 끝에 '?enable_supply=true'를 추가하자. URL에 추가 부분을 입력하고 나면 공급Supply 입력란이 활성화된다.

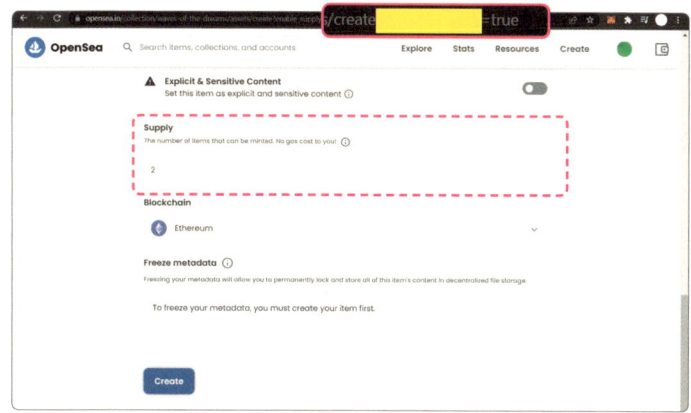

다음은 작품 민팅을 위한 상세 정보를 입력할 수 있는 페이지다. [아이템 추가Add item]를 클릭하면 볼 수 있다.

[아이템 추가Add item] 페이지에도 역시 별표*가 붙은 항목은 필수로 입력해야 한다. 작품을 민팅하기 위해 아래 입력란을 채워보자.

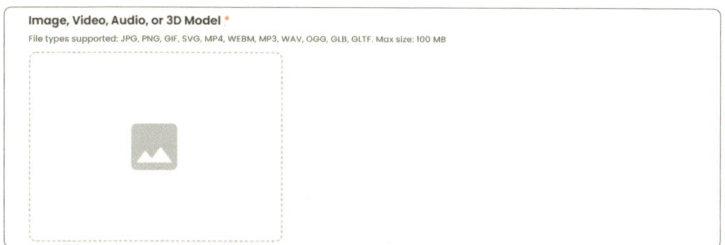

작품 업로드
Image, Video, Audio, or 3D Model

필수 입력 항목. 민팅하고자 하는 작품을 업로드한다. 파일 형식은 JPG, PNG, GIC, SVG, MP4, WEBM, MP3, WAV, OGG, GLB를, 크기는 최대 100MB까지 지원한다.

작품 이름
Name

필수 입력 항목. 작품의 이름을 입력한다.

외부 링크
External Link

다른 사람이 작품에 대해 더 잘 이해할 수 있게 작품의 상세 내용을 확인할 수 있는 외부 웹사이트가 있다면 입력란에 해당 웹사이트의 주소를 입력한다.

작품 소개글
Description

작품 이미지 아래 기재될 작품 소개글.

컬렉션
Collection

작품을 어떤 컬렉션으로 민팅할지 선택한다.

Properties
Textual traits that show up as rectangles

속성
Properties

속성 입력란에 추가한 단어는 해시태그 같은 역할을 한다. 속성에 추가한 단어로 검색하면 내 작품이 노출된다.

레벨
Levels

비슷한 스타일의 작품을 여러 개 판매할 때, 각 작품의 희소성을 막대(bar) 그래프로 나타낼 수 있다. 카드 컬렉터블(collectible) 같은 아이템을 등록할 때 용이하다.

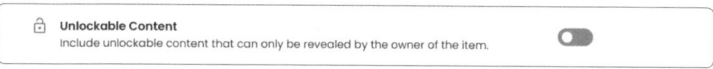

통계
Stats

작품에 여러 가지 속성이나 레벨이 포함된 경우 관련 데이터를 입력할 수 있다. *컬렉터블 아이템의 경우, **레어도를 입력할 때도 사용한다.

Unlockable Content
Include unlockable content that can only be revealed by the owner of the item.

언락커블 콘텐츠
Unlockable Content

언락커블 콘텐츠는 작품 구매자에게만 공개된다. 항목을 활성화하면 텍스트 입력란이 나타난다. 보통 비하인드 스토리나 작품의 '부록' 콘텐츠를 다운로드할 수 있는 구글 드라이브 링크 등을 입력한다.

---

* **컬렉터블 아이템(collectible item)**: 수집용 NFT를 오픈씨에서는 '컬렉터블(collectible)' 카테고리로 분류한다. 제너레이티브 아트에 대해 설명하면서 조금 더 자세한 내용을 다뤄보겠지만, 크리에이터가 지정한 알고리즘에 따라 유일하게 하나만 존재하는 이미지를 수백 또는 수천 장씩 발행하는 것을 말한다.

** **레어도(rare-度)**: 아이템의 희귀한 정도.

| 노골적이고 민감한 콘텐츠 Explicit & Sensitive Content | 이 옵션을 활성화하면 미성년자 또는 민감한 콘텐츠의 노출을 원하지 않는 구매자에게 적합하지 않은 콘텐츠로 식별된다. |

| 공급 Supply | 하나의 디지털 파일로 제작한 작품을 여러 개의 에디션으로 발행하는 경우, 총 몇개의 에디션으로 발행하고 싶은지 수량을 입력한다. |

| 블록체인 Blockchain | 거래에 사용할 블록체인을 선택한다. 오픈씨가 지원하는 블록체인은 이더리움(Ethereum), 폴리곤(Polygon), 클레이튼(Klaytn)이다. |

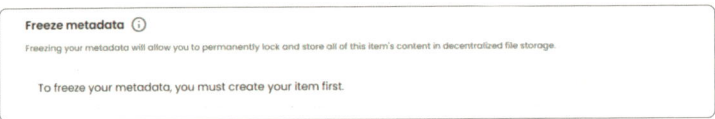

| 메타데이터 고정 Freeze metadata | 작품의 메타데이터를 편집 및 삭제할 수 없도록 영구적으로 고정하고, 콘텐츠가 지속적으로 저장되도록 한다. |

[만들기Create] 버튼을 누르고 조금 기다리면 민팅이 완료되었다는 팝업창이 뜬다.

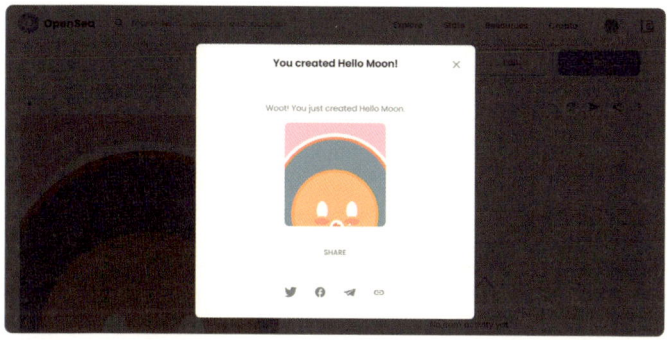

드디어 NFT 작품이 탄생했다!

민팅한 작품을 리스팅하자

민팅한 후에는 작품을 판매 신청하는 리스팅 단계가 남아있다. 리스팅을 하려면, 방금 민팅한 해당 작품 페이지에 들어가서 [판매Sell]를 클릭하면 된다.

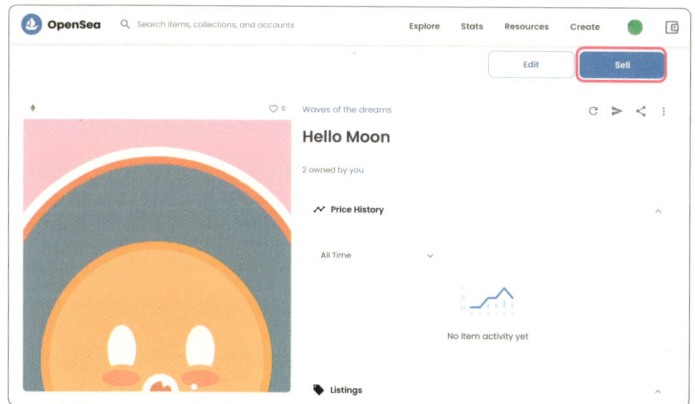

[판매Sell]를 눌러 리스팅 페이지로 이동하면 다음과 같은 화면이 뜬다.

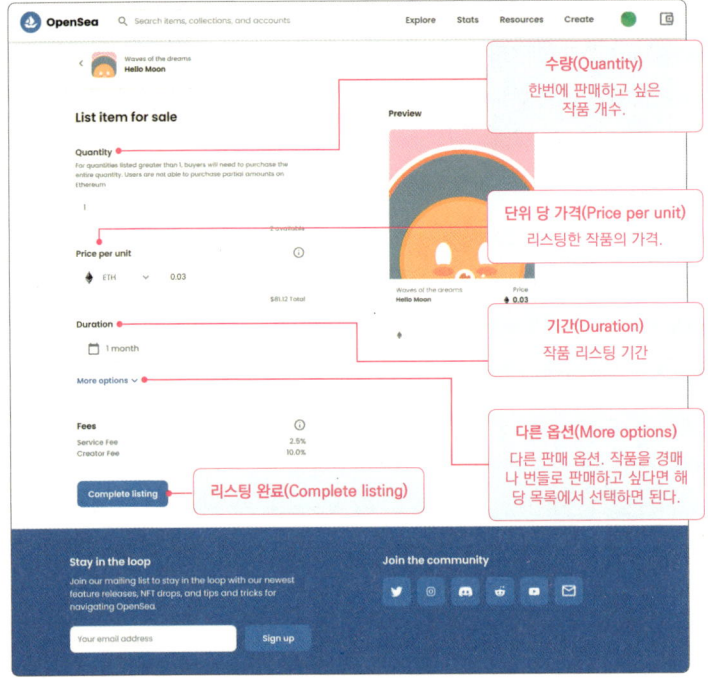

작품을 에디션으로 리스팅하려면 수량Quantity 입력란을 잘 확인해야 한다. 예를 들어, 작품 10개를 에디션으로 발행하려고 한다고 생각해보자. 작품을 민팅할 때, [아이템 추가Add item] 페이지에서 공급Supply 입력란에 '10'을 입력하면 총 10개의 고유 번호를 가진 NFT 에디션이 발행된다.

이렇게 발행된 에디션을 하나씩 판매하려면 [수량quantity]에 '1'을 입력하고, 이 과정을 열 번 반복해서 에디션 각각을 리스팅해야 한다. 만일 수량Quantity에 '10'을 입력하면 컬렉터가 한번에 작품 10개를 구매하게 된다. 단위 당 가격price per unit은 입력한 수량을 모두 구매했을 때의 가격을 정하는 것이므로, 수량을 잘못 입력하면 작품 한 개의 가격으로 열 개를 리스팅하게 된다.

헷갈리지 않도록 각 항목별로 설명하는 글을 꼼꼼히 읽고 정확하게 입력하자. 리스팅에 필요한 정보를 모두 입력하면 우측 상단의 [리스팅 완료Complete listing] 버튼을 누른다.

"Initialize your wallet"

오픈씨에 처음 민팅하는 NFT 새내기라면 지갑 활성화 또는 작가 등록 비용으로 알려진 비용을 내야 한다. 오픈씨 가입비 같은 것인데, 오픈씨에서 NFT 작품을 거래하기 위해 가상자산 지갑 주소를 등록할 때 발생한다.

메타마스크를 통해 지갑 활성화 가스비를 지불하고 나면, NFT 작품 리스팅이 완료된다. 작품이 잘 리스팅되었는지 확인하고 싶으면 컬렉션 페이지에 돌아가보자. 방금 리스팅한 작품이 컬렉션 페이지에 보이면 NFT 판매 등록이 잘 마무리된 것이다. 가끔 오픈씨 플랫폼 트래픽 때문에 컬렉션 페이지에 작품이 보이기까지 시간이 조금 걸릴 때도 있으니 여유를 가지고 페이지를 새고로침 해보자.

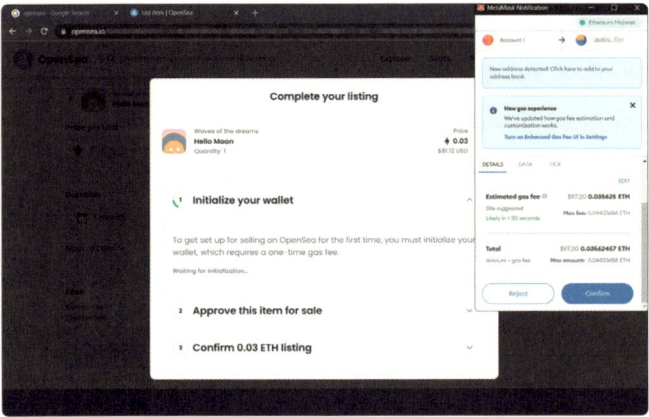

오픈씨에서 작품을 판매하는 것이 처음이라면, 당신의 지갑을 등록해야 합니다.
이 가스비는 처음 한 번만 부과됩니다.

To get set up for selling on OpenSea for the first time, you must initialize your wallet, which requires a one-time gas fee.

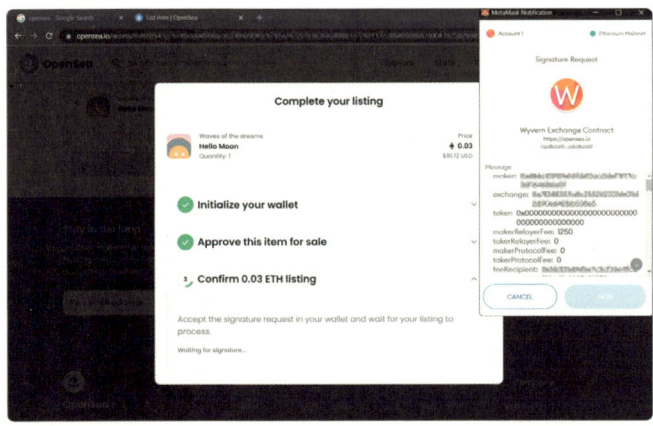

리스팅을 완료하기 전에 서명을 요구하는 팝업이 뜬다.

야호! 우리가 열심히 민팅과 리스팅을 한 덕분에, 작업한 NFT 작품이 영원히 대체 불가능 토큰으로 이더리움 네트워크 속에 존재하게 되었다.

> **민팅하다가 눈 뜨고 코 베이는 이야기**
>
> 첫 민팅에 지갑 활성화를 위한 추가 가스비가 든다는 것은 알고 있었지만…
>
> 막상 민팅하려고 보니 미리 구매해뒀던 내 작고 소중한 지갑 속 이더로 모든 비용을 감당할 수 있을지 걱정되기 시작했다. 가상화폐 거래소에서 구매한 이더를 모두 메타마스크로 옮기는 과정에서 이미 0.01이더가 출금 수수료로 빠져나간 시점이었다.
>
> 지갑에 있는 이더로 모든 비용을 처리할 수 있길 바랐는데, 아깝게 0.00X 이더가 부족해서 오류가 나고 말았다. 그놈의 가스비가 유동적이라는 점을 깜빡해서 계산 착오가 일어난 것이다. 가스비가 떨어질 때까지 기다렸다가 다시 시도해볼까 생각했지만, 언제 얼마나 떨어질지 마냥 기다릴 수가 없어서 그냥 가상화폐 거래소에서 추가로 이더를 구매하고 말았다.

이 정도면 될 줄 알았지…   그러게 넉넉히 넣으랬잖어!

가상자산 거래소에서 이더를 출금하여 메타마스크 지갑으로 보낼 때 드는 수수료가 엄청 아까웠다. 앞으로는 작품 가격만 신경 쓸 게 아니라, 어떤 추가 비용이 발생할 수 있는지 미리 예상해 보고 충분한 이더를 가지고 있는지도 확인해야겠다.

민팅할 때 조심해야 할 것
- 작품 판매 수량 정하기
- 가스비 추이 확인하기
  https://etherscan.io/gastracker (또는 https://www.gwei.at)
- 경매나 오퍼(Offer)를 받았을 때, 지불해야하는 가스비만큼 지갑에 여유가 있는지 확인하기

★ **오퍼**Offer: 리스팅 여부에 관계없이, 오픈씨에 민팅한 작품에 대해 컬렉터가 구매 의사를 밝히고 자기가 원하는 구매 가격을 제안하는 것을 말한다. 고정가로 판매하는 작품이라도 '오퍼'가 가능하다. 작품의 가치를 높게 사서, 고정가 또는 경매 시작가보다 높은 가격으로 오퍼하는 컬렉터가 나타나면 제안받은 오퍼를 '수락Accept'하면 된다. 단, 오퍼를 수락하면 가스비가 발생한다.

NFT 컬렉션 만들기 총정리

1. 새 컬렉션을 만든다.
- [계정account → 내 컬렉션My Collections → 컬렉션 만들기Create a collection]

2. 컬렉션을 선택하고, 작품을 민팅한다.
- [컬렉션Collections → 아이템 추가Add item]
- 에디션일 경우 공급supply 입력란을 활성화하여 개수를 입력한다.

3. 민팅한 작품을 리스팅한다.
- [내 컬렉션My Collections → 리스팅할 작품 선택 → 판매Sell]
- 수량Quantity, 가격Price per unit 등 판매 옵션을 선택한다.

- 첫 민팅 및 리스팅일 경우에는 지갑 등록initialize wallet 비용이 추가로 발생한다.

친절한 작품 소개 쓰기

작품 소개를 읽으면 크리에이터의 개성을 엿볼 수 있다. 컬렉터의 마음을 사로잡기 위해 친절한 작품 소개를 작성하자.

아래의 예시는 《Future Couple》 컬렉션의 세 번째 작품인 <Before sunrise>을 민팅하기 위해 작성했던 작품 소개글이다. 오픈씨를 비롯한 NFT 마켓플레이스 플랫폼은 다양한 국적의 사람들이 모이는 곳이다 보니, 작품 소개를 영어로 적는 것이 아무래도 유리하다.

> **예시**
>
> **제목** #3. Before sunrise
>
> **소개** Does the sunrise on the other side? Can the sunset as love rises? Her adventure to the sun to follow her love. Limited edition of 5.
>
> **스펙** • Animation size (pixels): 600x600
> • File type: GIF
> • Animation type: loop

작품 소개를 쓰다 보니 오히려 작품을 통해 내가 하고 싶은 이야기가 무엇이었는지 스스로 되돌아보게 된다. 자세한 것이 아니지만, 내가 기획한 작품에 대해 다시 생각할 수 있는 기회도 되니 신경 써서 작성하는 것을 추천한다.

작품이 컬렉션의 일부라면 컬렉션의 내러티브를 함께 설명하는 것도 좋다. 같은 맥락으로, 전시회에 출품한 이력이 있는 작품이라면 작품 소개에 추가하자. 컬렉터들이 작품과 작가의 배경에 더 큰 관심을 가질 수도 있으니까.

갈수록 NFT 컬렉터들의 안목이 높아지고, 또 작품을 고르는 기준도 정교해지고 있다. 클럽하우스 채널에는 작품과 작가에 대해 더 많은 정보를 얻고 싶다는 컬렉터도 많아졌다. 컬렉터의 수요에 맞춰 멋진 작품 소개를 적어보자.

첫 민팅과 리스팅을 모두 끝내고 나니까 손에 땀이 살짝 났다. 어휴, 아무래도 비용이 발생하다 보니 나도 모르게 긴장했나 보다. 새내기들에게 민팅은 긴장되는 순간이지만 처음이 어렵지, 두 번째부터는 확실히 덜 긴장된다. 나중에는 가스비 추이를 느긋하게 지켜보면서, 다음 작품을 언제쯤 리스팅할지 타이밍을 고려하는 여유를 부릴 수 있을 거다.

그런데 혼자서 작업하고, 작품을 판매하다 보니까, 어쩐지 좀 외롭다. 다른 크리에이터들은 지금쯤 어디서 무엇을 하고 있을까? 작업하면서 외로움을 달래보려고 클럽하우스에 슬쩍 들어가봤다.

어떤 방에는 원숭이 그림을 프로필로 설정한 사람들이 잔뜩 있고, 또 다른 방에는 감자 캐릭터가 가득⋯ 유행하는 프로필인가 싶어서 자세히 들여다보니 PFP 프로젝트 멤버들이다. PFP가 뭘까? 'Picture of Proof' 또는 'Profile Project'라 불리는 프로젝트에 대해 조금 더 자세히 알아보자.

제너레이티브 아트를 아시나요?

디지털 작품을 만들고, 민팅하는 과정을 소개했는데 NFT 크리에이터로서 알아야 할 분야가 아직 더 남아있다. 바로 제너레이티브 아트generative art와 PFP 프로젝트다.

걸음마 수준인 나의 디지털 드로잉 실력으로 당장 제너레이티브 아트나 PFP에 도전하는 것은 무리지만, 이미 디지털 아트가 친숙하고 새로운 분야에 도전해보려는 열정 가득한 NFT 새내기를 위해 집단 지성의 힘을 빌어 제너레이티브 아트와 PFP 프로젝트가 무엇인지 소개하려 한다.

제너레이티브 아트란?

제너레이티브 아트는 디지털 아트 분야에서 잘 알려진 장르였지만, PFP 프로젝트와 맞물려 관심이 커졌다. 정의를 내린다면, 제너레이티브 아트는 알고리즘을 사용해서 시스템에 의해 자동으로 생성되는 예술을 말한다.

컴퓨터 알고리즘에 특정 옵션과 주제를 지정하고, 원하는 값을 요구하면 수십, 수백만 가지의 서로 다른 그림이 생성된다. 디지털 드로잉 툴에 대해서 이제 조금 알 것 같은데 알고리즘이라니… 앓는 소리가 난다. 하지만 제너레이티브 아트는 NFT 아트가 주목받으면서 함께 관심을 끌고 있는 분야이니 꼭 알아두자.

PFP란?

PFP 프로젝트는 일종의 제너레이티브 아트 프로젝트로서 알고리즘을 통해 생성된 수천, 수만 개의 이미지를 NFT로 발행한 것이다. PFP에는 두 가지 의미가 있는데, 하나는 Picture of Proof(인증 사진)이고, 다른 하나는 Profile Pictures(프로필 사진)이다. 소셜 네트워크 플랫폼에서 PFP NFT를 프로필 사진으로 사용하는 것이 이제는 커뮤니티의 밈처럼 자리잡았다.

아하! 클럽하우스나 트위터 스페이스에서 봤던 비슷비슷한 원숭이 프로필이 PFP NFT 컬렉션이었구나. 알고 보니 그건 BAYC라는 엄청나게 유명한 PFP NFT 컬렉션이었다. 이런 유명 PFP NFT를 프로필에 걸고 있는 것만으로도 컬렉터로서 존재감을 뿜뿜! 과시할 수 있다.

PFP 프로젝트가 뭔지 알고 나니 사람들의 프로필 이미지만 쳐다보게 된다. 비슷한 듯 다르고, 다른 듯 비슷한 프로필 이미지들을 보다가 문득 궁금해진다. PFP 프로젝트의 매력은 뭐지?

PFP 프로젝트의 매력 포인트

1 PFP의 희귀성

PFP 프로젝트 중 가장 유명한 컬렉션을 골라보자면 단연 '크립토펑크Crypto Punk'와 'BAYCBored Apes Yacht Club'이다. 두 PFP NFT 컬렉션은 엄청난 가격으로 NFT에 대해 잘 모르는 사람들도 한 번쯤 들어봤을 유명세를 자랑한다.

자세히 살펴보면 같은 PFP 프로젝트의 NFT인데도 작품마다 가격은 천차만별이다. 똑같은 알고리즘을 통해 생성한 NFT인데 왜 값이 다를까? 가격의 차이가 발생하는 이유는 바로 '희귀성' 때문이다.

PFP NFT를 생성하는 알고리즘을 짤 때, 희귀성이 추가된 요소를 정해진 비율로 도출할 수 있다. 예를 들어, 10,000개의 크립토펑크 NFT 중 단 1%만 독특한 액세서리가 들어가도록 규칙을 정했다고 생각해보자. 해당 액세서리가 포함된 이미지는 다른 이미지에는 없는 희귀한 요소를 가지고 있기 때문에 컬렉터들 사이에서 인기가 높아진다.

2 컬렉팅한 PFP 프로필이 주는 소속감

거대한 NFT 세계에서 자신이 컬렉팅한 PFP NFT를 프로필로 걸고 있으면, 같은 PFP 프로젝트에 참여한 컬렉터와 금세 친해질 수 있다. PFP 프로필을 통해 소속감을 다지는 것이다. 크립토펑크, BAYC 외에도 최근 미스터 미상 작가가 선보인 '고스트프로젝트Ghost Project', 그리고 클레이튼 기반의 '리드미컬 클럽Rhythmical NFT Club' 등의 프로필 이미지는 어딜 가나 눈에 들어온다.

3 커뮤니티 멤버만을 위한 지속적인 엔터테인먼트 이벤트

PFP 프로젝트를 기획하고 운영하는 크리에이터는 PFP NFT 컬렉터를 위한 재미 요소를 지속적으로 제공한다. PFP 프로젝트의 NFT를 구매한 컬렉터들만 참여할 수 있는 비밀 경매, 깜짝 에어드롭 이벤트, 그리고 새로운 프로젝트 알림 등 다양한 혜택을 주는 것이다. 로드맵roadmap를 공유하여 장기적으로 프로젝트가 어떤 방향으로 나아갈지를 제시하기도 한다.

PFP 컬렉터가 되려면

크립토펑크나 BAYC는 너무 비싸서 엄두가 안 난다면 클레이튼이나 폴리곤 기반의 PFP 프로젝트도 찾아보자. 직접 PFP 프로젝트에 대해 조사하고 구매해보면 컬렉터의 시선으로 NFT를 이해할 수 있다.

제너레이티브 아트를 아시나요?

요트 파티에 가고 싶은데요…

우리 PFP 프로젝트의 NFT를 소유한 분들만 파티에 입장할 수 있습니다.

PFP 프로젝트의 다양한 이벤트를 컬렉터의 입장에서 체험하고 벤치마킹해서 내 NFT 컬렉션에 활용할 수도 있다.

PFP 프로젝트를 지원해줄 컬렉터를 찾아다니며 크리에이터가 자기의 프로젝트를 발표하는 이벤트가 많이 있다. 팀의 비전과 프로젝트 기획을 들어보고, 관심이 가는 PFP NFT를 과감하게 구매해보자.

◈ PFP NFT를 선물받다!

어느 날, 내 오픈씨 계정에 처음 보는 NFT가 보였다. 알고 보니, 평소에 관심있게 지켜보던 PFP 프로젝트에서 내 지갑에 NFT를 에어드롭해준 것이다. PFP 프로젝트 트위터 계정을 팔로우하고, 가끔 이벤트에 참여했을 뿐인데 이렇게 말도 없이 크리스마스 선물을 챙겨주다니. 어깨춤이 절로 나왔다.

PFP NFT가 생기자마자 트위터와 클럽하우스 프로필 이미지를 바꿨다. 트위터 스페이스와 클럽하우스에 들어가서 같은 PFP 프로젝트의 컬렉터들을 보니 소속감이 물씬 느껴졌다.

직접 구매한 것은 아니지만, PFP NFT를 가지고 있는 것만으로도 또 다른 NFT 세계의 매력을 경험할 수 있어서 좋았다. 그리고 해당 PFP 프로젝트에서 준비중인 다음 이벤트에 적극적으로 참여하고 싶은 열정이 불끈! 솟았다.

PFP 프로젝트 팀의 아티스트로 활동하고 싶다면?

커뮤니티를 잘 뒤져보면 PFP 프로젝트에 참여할 크리에이터를 모집하는 공고를 찾을 수 있다. PFP 프로젝트에는 아티스트뿐만 아니라 알고리즘을 만들 개발자와 이벤트를 기획하고 커뮤니티를 관리할 매니저 등 여러 역할이 필요하다. 최근에 크리에이터 모집 중인 PFP 프로젝트를 소개받아서 참가 신청서를 작성 중이다. 열심히 준비하면 언젠가 나도 팀의 일원이 되어서 PFP 프로젝트 작업을 해 볼 수 있겠지? 프로젝트마다 규모도, 필요한 역할도 다양하니 이 책을 읽는 NFT 새내기들도 혼자 하는 여정이 외로웠다면 PFP 프로젝트에 지원해보자.

첫 NFT 작품을 리스팅하고 잠시 쉬어 가려고 클럽하우스 앱을 열었다. NFT 크리에이터들이 PFP 프로젝트를 비롯하여 현재 작업 중인 프로젝트나 작품에 대해 발표하고 있었다.

크리에이터마다 열정적으로 자기 작품을 소개하는 것을 들으면서 문득 궁금해졌다. 다들 왜 이렇게 열심히 자기 프로젝트에 대해서 공유하고 싶어하는 걸까? 누가 내 마음을 읽기라도 한 것처럼, 그때 누군가 말했다.

"조용히 민팅하는 것은 누군가 진흙 속에 숨겨진 진주를 찾아주길 바라는 것과 같다. 작업만큼 홍보도 열정적으로 해야 한다."

말을 듣고 나는 무릎을 탁 쳤다. 맞다. 요즘 NFT의 인기 때문에 오픈씨를 비롯한 거의 모든 마켓플레이스에 새로운 작품이 초 단위로 등록된다. 만약 작품을 민팅한 후에 아무런 홍보도 하지 않는다면, 누가 내 작품을 찾아 스크롤을 손가락 아프게 내려줄까?

평소에 소셜 네트워크 활동을 소심하게 했던 게 후회된다. 하지만 이미 주사위는 던져버렸다. 이쯤 되면 이판사판, 작품을 홍보하러 가보자!

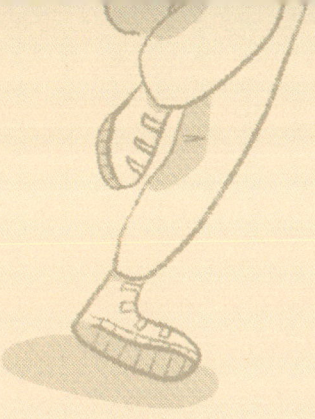

세 걸음

▸▸▸

나의
NFT 작품
홍보하기

오픈씨에서 내 NFT 작품은 거대한 바다에 던져진 작은 조약돌과 같다. 그래서 NFT 작품을 민팅하는 것만큼이나 홍보가 중요하다. 수많은 NFT 크리에이터와 컬렉터 앞에 나의 작품을 소개할 방법을 알아보자!

이 장에서 다루는 내용

❶ 부캐로 커뮤니티 활동하기
❷ NFT 크리에이터 친구 만들기
❸ 메타버스와 피지컬 전시 준비하기
❹ NFT 플랫폼, 어디까지 가봤나요?
❺ NFT 새내기는 해피엔딩을 맞이할까?

1

부캐로 커뮤니티 활동하기

　　　　　　　　　　작품 제작에, 민팅까지 긴 여정에 성공한 NFT 새내기 여러분 축하한다! 마켓플레이스 플랫폼에 등록된 내 작품이 반짝반짝 빛나 보인다. 내 눈에는 이렇게 반짝이는데, 컬렉터들 눈에도 쏙 들어올까?

　2021년 11월 기준, 오픈씨의 활동 유저는 백팔십만 명을 기록했다. 그 말은 즉, 이백만 명 가까운 크리에이터의 작품이 매일같이 폭포처럼 쏟아지고 있다는 거다. 수십만 단위의 NFT 작품들과 내 작품이 나란히 있다니… 현실적으로 오픈씨에서 순수하게 모든 작품을 하나하나 탐색하는 컬렉터가 얼마나 될까.

　크리에이터의 마음과 정성이 담긴 NFT 작품은 분명 언젠가 빛을 볼 거라고 믿는다. 하지만 NFT 홍수 속에서 그게 언제쯤이 될지는 장담할 수가 없다. 조금이라도 빨리, 더 많은 컬렉터에게 내 작품을 보여줘야 하지 않을까? 거대한 NFT 시장에서 새내기가 살아남으려면, 홍보가 필요하다.

NFT 세계에서 내 작품을 홍보할 수 있는 효과적인 방법으로 다음 네 가지를 생각해볼 수 있다.

> 1. 커뮤니티에서 활동할 나의 *'부캐' 만들기
> 2. NFT 크리에이터 친구 사귀기
> 3. NFT 단체 전시 참여하기
> 4. 새로운 NFT 플랫폼 탐색하기

첫 번째는 NFT 커뮤니티에서 활동할 나만의 '부캐'를 만드는 것이다. NFT 세계에서 소셜 네트워크는 커뮤니티로 연결되는 중요한 채널이다. 소셜 네트워크 채널에서 어떤 캐릭터로 활동하고 싶은지 탐구해보고, 퍼스널 브랜딩personal branding해보자.

두 번째는 네트워킹networking, NFT 세계를 함께 탐험할 친구들을 만나는 것이다. NFT 커뮤니티는 다양한 소셜 네트워크에서 형성되고, 메타버스와 결합하는 등의 다양한 이벤트를 진행한다. 커뮤니티의 성격을 잘 이해하고 이벤트에 참여하면 다른 크리에이터와 네트

---

* **부캐**: 게임에서 시작된 용어로, 본캐(본캐릭터) 외의 부캐릭터 또는 서브캐릭터라는 뜻이다.

워킹할 수 있다.

세 번째는 NFT 전시회에 작품을 출품하는 것이다. NFT 아트에 대한 대중의 관심이 커지면서, 갤러리나 메타버스Metaverse 전시 공간을 통해 NFT 크리에이터의 작품을 소개하는 전시회가 열리고 있다. 다양한 전시 활동을 통해 컬렉터, 갤러리와 만나고, 세계에 내 작품을 알려보자.

마지막은 새로운 NFT 마켓플레이스 플랫폼에 작품을 민팅해서 새로운 컬렉터와 커뮤니티를 만나보는 것이다. 오픈씨는 사용자가 많고 진입 장벽도 낮아서 NFT 새내기에게 추천하는 플랫폼이다. 하지만 NFT 마켓플레이스 플랫폼은 계속해서 새로 생겨나고 있다. 오픈씨 외에 다른 플랫폼에서 새로운 네트워킹과 홍보의 기회를 가져볼까?

이 책은 1인 크리에이터의 작품 활동과 홍보에 대해 다루고 있다. 여러 크리에이터와 함께 일하는 팀이라면 다른 프로젝트의 홍보 방법을 벤치마킹해보자. 이미 꽤 큰 규모로 참신한 홍보를 하는 팀이 많다. 정답은 없지만, 유명 팀의 홍보 활동을 유심히 관찰하면 아이디어를 얻을 수 있다.

NFT 작품을 온 세상에 널리 알리기 위한 홍보 활동은 지금부터 시작이다. 지금 바로 '부캐'를 만들러 떠나볼까?

기존 소셜 네트워크 계정 살펴보기

NFT 크리에이터로서 첫 작품을 민팅하고, 기쁜 소식을 알리려고 오랜만에 소셜 네트워크 채널에 로그인했다. 평소에 사용하는 인스타그램, 트위터, 링크드인까지 세 가지 소셜 네트워크 채널을 살펴봤다.

팔로잉 리스트엔 친구, 직장 동료, 학교 선후배… 온통 뒤죽박죽이다. 이 중에서 NFT에 관심을 가질 만한 사람이 몇이나 될까. 아무래도 개인적으로 사용하는 계정은 홍보에 적합하지 않은 것 같다. 나와 비슷한 상황이라면, 개인 계정과 별도로 NFT 작품 활동을 홍보하고 커뮤니티와 소통할 수 있는 부캐 계정을 만들자.

부캐를 키우자

부캐는 SNS와 메타버스가 중요한 사회적 공간이 된 후로 떠오른 개념이다. '부캐릭터' 또는 '서브 캐릭터'라는 뜻인데 현실의 원래 내 모습을 의미하는 '본캐(본캐릭터)', '메인 캐릭터'와 별도로 만든 자신의 두 번째 자아를 의미한다.

NFT 세계에서 '부캐를 키운다'는 것은 단순히 소셜 네트워크 계정을 생성하는 것이 아니라, 크리에이터인 '나'를 브랜딩하고 내 작품의 세계관을 확장시키는 것이다. 부캐를 키워서 메타버스로 이어지는 거대한 NFT 세계로 내 작품의 세계관을 펼쳐보자. 자유롭게 작품을 홍보하고 사람들과 소통함으로써 내 NFT 작품에 대한 호감도를 증

가시킬 수 있다.

부캐는 첫인상부터 말투까지 크리에이터 마음대로 창조해나갈 수 있다. 프로필부터 포스팅할 때 사용하는 말투까지, NFT 세계에서 활동할 또 다른 나를 만드는 재미가 쏠쏠하다. 그러나 자신과 너무 동떨어진 캐릭터로 만들기보다는 적당히 '나다운' 모습으로 만들길 추천한다. 부캐의 역할은 자연스러운 네트워크와 홍보다. 너무 인위적인 캐릭터는 효과가 떨어진다.

크리에이터의 개성과 작품의 특성을 대표하는 부캐를 만들었다면, NFT 커뮤니티에서 다른 사람과 소통하기 전에 미리 계정에 부캐와 어울리는 콘텐츠를 포스팅해놓자. 나와 소통한 상대가 내 소셜 네트워크 채널을 방문했을 때 계정이 텅 비어있지 않도록 말이다.

이미 크리에이터로서 운영하는 소셜 네트워크 계정이 있다면 굳이 또 다른 부캐가 필요하지 않을 수도 있다. 크리에이터 활동을 하며 작가 노트, 작품 제작 과정 영상, 전시 스케치 등 많은 콘텐츠를 포스팅해왔다면 오히려 기존 채널을 사용하는 게 홍보 효과가 좋다. NFT 활동을 위한 계정을 새로 만들 건지, 기존 계정을 사용할 건지 전략적으로 따져보아야 한다.

소셜 네트워크 채널 꾸미기

호기롭게 부캐를 키워보겠다고 다짐했지만 팔로워 0명인 계정을 보니 조금 막막하기도 하다. 아무 콘텐츠도 없는 깨끗한 피드와 프로필 사진… 어디서부터 시작하지? 부캐를 어떻게 만들지 고민하면서 클럽하우스에 갔다가 문득 사람들의 프로필 이미지가 눈에 들어왔다. 프로필부터 꾸며보면 어떨까?

　프로필 이미지는 부캐의 얼굴이다. 가상세계와 소셜 네트워크에서 크리에이터를 보여주는 역할인 것이다. 활동 중인 NFT 크리에이터의 프로필을 둘러보면 두 가지 유형이 눈에 띈다. 첫 번째는 자신의 작품 또는 작가 자신을 프로필에 반영한 유형, 두 번째는 자기가 컬렉팅한 PFP NFT 작품을 프로필로 설정한 유형이다.

　여러 후보가 있었지만, 프로필은 나를 표현한 캐릭터로 직접 그렸다. 내 부캐는 '루미블루Rumie Blue', 부르기 쉬우면서 기억에 남는 이름으로 정했다.

　직접 그린 프로필이니 자연스럽게 내 화풍이 녹아있다. 크리에이터의 개성이 담긴 프로필을 사용하면 작품의 정체성도 확고해지고, 인지도를 키울 수 있다. 홍보 효과는 자연히 따라 올 것이다.

　커뮤니티 활동이 많아질수록 부캐의 캐릭터성도 뚜렷해지겠지?

소셜 네트워크 활동을 위해 동일한 이름으로 이메일, 트위터, 그리고 인스타그램 계정을 만들었다.

오픈씨에도 내 프로필 사진을 등록하고 소셜 네트워크 채널을 추가해보자. 오픈씨 홈페이지에서 [계정account → 프로필Profile] 페이지로 이동하면 [프로필 설정Profile Settings]에서 프로필을 설정할 수 있다.

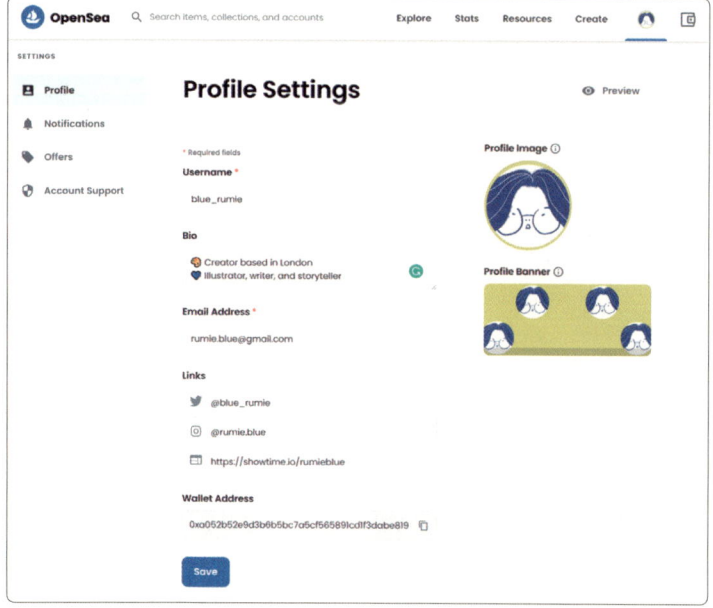

'프로필 이미지Profile Image' 항목에 이미지 파일을 업로드하고, '링크Links' 항목에 소셜 네트워크 채널의 주소를 입력하면 된다.

새롭게 탄생한 나의 부캐, '루미블루'의 소셜 네트워크 채널 주소를 추가하고 나니까 오픈씨 계정이 조금 더 채워진 느낌이다.

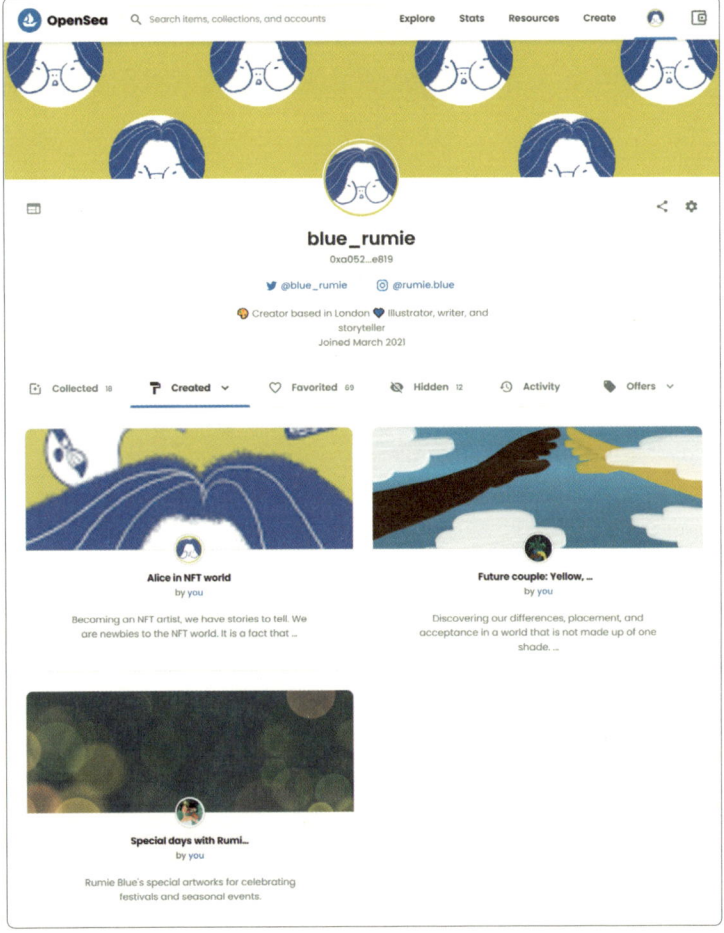

🔷 트위터와 친해지자

혼자서 NFT 여정을 떠나다 보니 창작에 민팅, 그리고 홍보까지 모두 스스로 해야 한다. 여러 소셜 네트워크를 모두 관리할 여력이 없다고 판단해서 나는 부캐의 계정으로 인스타그램을 사용하기로 하고, 트위터는 그냥 오픈씨 프로필을 채워볼 생각으로 계정만 만들어두었다.

그런데 웬걸? NFT 세계에서 만나는 사람들마다 트위터 계정을 물어봤다. 급한 대로 내 트위터 계정을 알려주었지만, 트위터 계정을 허술하게 관리했기 때문인지 대화는 흐지부지 마무리되었다.

트위터는 짧은 텍스트 위주의 소셜 네트워크 플랫폼이라 대수롭지 않게 생각했는데, NFT 커뮤니티는 트위터를 정말 적극적으로 사용한다. 활성화된 링크를 포스트하면 크리에이터의 메시지를 널리 알릴 수 있고, 리트윗retweet 기능으로 빠르게 포스트를 퍼뜨릴 수도 있다. 과거의 나처럼 트위터를 잘 사용하지 않았던 새내기라면, 이번 기회에 트위터와 친해져 보자.

트위터 200% 활용하기

- NFT 크리에이터의 캐릭터를 보여주는 프로필 이미지와 배너 이미지
- 트위터 바이오bio에 자기소개와 포트폴리오 링크 걸기. 활동 중인 플랫폼이 다양할 경우엔 링크트리Linktree 링크를 걸어두는 것도 편리하다.
- 홍보하고 싶은 내용을 핀 트윗pin tweet 하면 포스팅한 시간에 관계없이 개인 피드 맨 위에 뜬다.
- 포스팅에 NFT 관련 해시태그 달기.
  예를 들어, #NFTCommunity, #NFTartist.
- 관심 있는 주제에 따라 트위터 리스트list를 팔로우하면 같은 리스트를 팔로우하는 사람들의 최신 트윗tweet을 해당 리스트 피드에서 바로 확인할 수 있다.

덧붙여, 만약 라리블Rarible 또는 파운데이션Foundation.io 마켓플레이스를 사용하려면 트위터 계정이 반드시 필요하다. 본인 확인을 위해서 트위터 계정을 활용한 인증을 요청하기 때문이다. 미리 트위터 계정을 생성해 두면 시간을 절약할 수 있다.

소셜 네트워크 계정을 만들고 나니 어깨가 가볍다. 이제 NFT 세계를 탐험하는 다른 사람들과 공통된 관심사로 자유롭게 소통할 수 있게 되었다! 아직은 듬성듬성 비어있는 트위터와 인스타그램 피드를

보니 하얀 캔버스를 마주한 것처럼 설렌다. NFT 세계에서 부캐를 키워 작품을 홍보해보자.

그나저나, 클럽하우스나 트위터에서 NFT 파티가 열린다는 소문이 있던데, 파티에 가면 NFT크리에이터 친구를 사귈 수 있을 것 같다. 다음에는 커뮤니티에서 어떤 이벤트와 파티를 열리는지 살펴보고, 환영받는 게스트가 되기 위해서는 어떻게 행동해야 하는지 알아보자.

NFT 크리에이터 친구 만들기

활발하게 활동하며 성장하는 다른 크리에이터를 보면 나만 혼자 뒤처진 것은 아닌가 싶어서 초조해지기도 한다. 그럴 때는 친구를 만드는 것도 방법이다. 비슷한 여정을 걷는 NFT 새내기 친구들을 만나서 함께 고민을 나누고 새로운 것을 배우다 보면 혼자일 때보다 훨씬 다양한 경험을 빠른 시간 안에 쌓을 수 있다. 어디에서 NFT 새내기 친구들을 만날 수 있을까?

소셜 네트워크 채널을 활용하면 국적을 불문하고 다양한 크리에이터들과 친구가 될 수 있다. 상대방이 어떤 작업을 하는지, 작품 뒤에 숨은 이야기와 관심사는 무엇인지, 좀 더 자세하게 알아보고 싶다면 더 깊은 이야기를 나눌 수 있는 커뮤니티에 참여하면 된다.

매분 수십 개의 포스팅이 올라오는 소셜 네트워크에서 NFT 커뮤니티를 어떻게 찾을 수 있을까? 몇 가지 키워드를 통해 NFT 커뮤니티와 관련 이벤트에 참여할 수 있다. NFT 커뮤니티에서 자주 사용하는 키워드를 알아보자.

NFT 커뮤니티 이벤트와 관련 키워드

클럽하우스와 트위터 스페이스처럼 실시간 대화가 가능한 소셜 네트워크 플랫폼에 가입해서 NFT 이벤트나 파티를 공략해보자. 클럽하우스나 트위터 스페이스 방 제목에 아래와 같은 키워드를 사용하면 들어가 보는 걸 추천한다.

제네시스 드롭 파티 genesis drop party	크리에이터의 첫 번째 NFT 작품을 '제네시스 드롭'이라고 한다. 특별한 첫 민팅을 기념하고 축하하는 이벤트다.
아티스트 스포트라이트 artist spotlight	NFT 커뮤니티에서 특정 크리에이터를 소개하는 이벤트다. 스포트라이트의 주인공이 된 크리에이터는 자신을 알리는 시간을 가질 수 있다.
비딩 파티 bidding party	NFT 경매 현장을 중계하는 파티. 컬렉터가 NFT에 오퍼(offer)하는 순간부터 작품이 낙찰될 때까지 진행된다. NFT를 사이에 둔 컬렉터들 사이의 눈치 싸움과 스릴 넘치는 경쟁 현장을 실시간으로 관전할 수 있다.

AMA 세션 Ask Me Anything session	크리에이터가 작품에 대해 묻고 답하는 이벤트. 제너레이티브 아트처럼 독자적인 세계관이 있는 작품의 경우, 프로젝트의 비전과 로드맵을 컬렉터에게 공유하고 발표한다.
에어드롭 airdrop	추첨을 통해 당첨자의 지갑에 NFT를 선물하는 이벤트. 트위터 포스트를 통해 진행된다. 크리에이터가 인지도를 높이기 위해 주로 시도한다.
기브어웨이 give away	에어드롭과 비슷하다. 이벤트 주최자가 참여자들의 지갑에 NFT 선물을 보내준다.

    NFT 세계에서는 나름 흔하게 열리는 이벤트인데, 새내기에게는 무척 새롭다. 어색함을 극복하고 이벤트에 참여하기만 해도 NFT 세계에 대해 많은 것을 알 수 있다. 마음에 드는 NFT 커뮤니티나 크리에이터의 소셜 네트워크 계정을 팔로우하거나 마음에 드는 포스트에 '좋아요'를 누르고 더 많은 이야기를 들어보자.

부지런한 리스너는 스피커만큼 바쁘다

    실시간으로 음성 대화를 할 수 있는 플랫폼에서 리스너listener는 말 그대로 듣는 사람이다. 리스너로 대화를 듣다가 하고 싶은 말이 있다면 발언권을 요청해보자. 발언권을 얻으면 스피커speaker가 되는데, 리스너가 발언권을 요청하면 방의 호스트 또는 *모더레이터가 발언할 수 있도록 요청을 수락해준다.

단, NFT 파티에서 항상 스피커가 될 수는 없다. 이벤트마다 주제가 있다 보니, 제한된 시간 안에 발표 기회를 얻을 수 있는 사람의 수도 한정되기 마련이다. 스피커가 되지 못했다고 해서 너무 속상해하지 않았으면 좋겠다. 리스너라도 다른 크리에이터들과 친해질 방법이 있으니까.

이벤트에서 만난 사람들의 소셜 네트워크에 방문해서 팔로우하거나, 포스트에 좋아요를 살짝 눌러보자. NFT 커뮤니티를 팔로우할 수도 있다. 개인 메시지(Direct Message, DM)을 보내서 소통하는 것도 방법이다. 100% 회신이 온다는 보장은 없지만, 부지런하게 소통하다 보면 마음이 통하는 친구를 만날 수 있다.

시간이나 에너지 조절에도 신경을 쓰자. 다른 사람의 이야기를 듣는 일은 생각보다 에너지를 소비한다. 적당하게 휴식 시간을 가지면서, NFT 새내기 친구들을 만나자. 부지런한 리스너로 활동하며 여러 NFT 커뮤니티 방에 참여하면 팔로워도 조용히 불어난다.

---

* **모더레이터(moderator)**: 클럽하우스 등의 커뮤니티에서 게시판이나 채팅방을 감독하는 중간 관리자를 말한다.

알고 가면 환영받는 파티 매너

NFT 세계의 파티는 음성 대화 기반의 소셜 네트워크나 *크립토복셀Cryptovoxel 같은 가상공간에서 열린다. 현실의 파티와는 조금 다르지만 멋진 파티 매너를 갖추었다면 다른 크리에이터와 잘 어울릴 수 있다.

매너 하나. 짧은 자기소개를 준비하자

한창 클럽하우스에서 NFT 관련 방을 찾아다니던 때였다. 종종 호스트가 나에게 발언권을 줬는데 너무 긴장한 나머지 '와, 고마워요! 우리 친구해요!'라고 후다닥 인사만 하고 도망쳤다.

커뮤니티 활동을 조금 더 한 뒤에야 알게 되었는데, 호스트가 일일이 발언권을 준다는 것 자체가 배려고 관심이다. 기회가 왔을 때, 조금 더 잘 말해볼 걸⋯ 후회했다.

클럽하우스나 트위터 스페이스에서는 한 사람이 말하는 동안 다른 사람들은 발표를 듣는다. 여러 사람의 말을 듣는 입장에서, 발표자가 발표 내용을 미리 준비해서 조리 있게 말해준다면 더 집중해서 이야기를 들을 수 있다. 다음 기회를 놓치지 않기 위해 자기소개를 메모했다.

---

* **크립토복셀(Cryptovoxel)**: 이더리움 기반의 가상공간. 3차원 가상 토지를 구매하거나, 아이템을 제작하여 판매하거나, 다양한 활동을 할 수 있다.

> 귀에 쏙쏙 들어오는 자기소개에 담아야 할 세 가지
>
> 1. 어떤 작업을 하는 누구인지
> 2. 최근 민팅한 작품이나 작업 중인 작품은 무엇인지
> 3. 어떤 주제로, 어떤 기법을 사용하여 작업했는지

부캐의 성격에 맞게 나를 소개하면 파티에 참석한 커뮤니티 멤버들이 따뜻하게 반겨줄 거다.

매너 둘. **파티 주제에 맞는 이야기를 하자**

작품을 홍보하기 위해 기회가 닿을 때마다 내 작품에 대해 이야기하고 싶은 마음은 물론 이해할 수 있다. 하지만, 다른 크리에이터의 프로젝트를 축하하는 자리나, 스포트라이트 이벤트에서 자기 프로젝트 이야기만 하는 사람은 호감을 얻기 힘들다.

에이, 설마! 싶겠지만, 작품 홍보에 너무 몰두한 나머지 커뮤니티와 파티 성격에 맞지 않는 이야기를 하는 사람을 종종 만났다. 소셜 네트워크를 통해 만난 사이라도 프로필 이미지 너머에는 진짜 크리에이터가 있다. 무례하게 행동하면 누군가의 감정을 상하게 할 수 있다는 것을 꼭 기억하자. 커뮤니티에서 서로를 존중하며 활동하는 것이 작품 홍보에도 도움이 된다.

매너 셋. **시작할 때 마이크는 음소거**

플랫폼에 따라 자동으로 마이크가 음소거 모드로 설정되는 서비스도 있지만, 그렇지 않은 경우에는 마이크가 음소거되어 있는지 체크하자. 마이크가 켜져 있으면 남에게 들려주고 싶지 않은 개인적인 대화가 들릴 수도 있고, 내 마이크에서 발생한 소음이 다른 사람의 발표를 방해할 수도 있다. 새로운 친구를 만들기 위해 입장한 방에서 불편한 분위기를 만들지 않도록 주의하자.

매너 넷. 환영받은 만큼 돌려주기

커뮤니티를 통해 사귄 NFT 새내기 친구들과 재미있는 활동을 하는 것 자체로도 신이 나고 즐겁다. 한 가지 더 우리가 할 수 있는 일이 있다면, 바로 새로 커뮤니티에 들어오는 다른 새내기를 진심으로 환영해주는 일이다.

홀로 떨어져 방황하는 NFT 새내기들을 발견한다면 먼저 인사하는 것도 좋은 방법인 것 같다. 그리고 초대에 응해서 커뮤니티 이벤트나 채널에 찾아온 또 다른 새내기가 적응할 수 있도록 도와주자. 크리에이터로 활동 중이지만 NFT에 선뜻 도전하지 못한 사람에게 커뮤니티 활동을 소개하거나 파티에 초대하는 것만으로도 응원의 메시지를 전달할 수 있다.

수상한 접근은 조심, 또 조심하기

NFT라는 관심사 하나로 전 세계에 친구를 만들다 보면 네트워킹의 재미에 푹 빠지게 된다. 크리에이터로서 활동하면서 맞닥뜨리는 어려움이 있으면 커뮤니티에서 만난 친구의 도움으로 해결하기도 하고, 서로 좋은 정보를 공유하기도 한다.

혼자일 때보다 친구와 함께 NFT 세계를 탐험하는 게 훨씬 재미있다. 그러나 친구의 가면을 쓴 해커나 *스캐머가 곳곳에 숨어 순진한

---

* 스캐머(scammer): 사기꾼 또는 속임수를 써서 상대방에게 금전적 피해를 입히는 사람.

NFT 새내기를 노리고 있으니 조심해야 한다. 수법이 다양하고 그럴 싸해서 방심하면 깜빡 속아넘어가기 십상이다. 많은 크리에이터 친구들이 뼈아픈 경험담을 공유해주었다. 또 다른 피해자가 발생하지 않길 바라는 마음으로 몇 가지 해킹 수법을 적어봤다.

- 소셜 네트워크 플랫폼과 커뮤니티에 NFT 홍보를 해주겠다며 이더를 요구
- 이벤트에 참가하라며 원본 URL을 확인할 수 없는 단축 링크를 통해 신청서를 제출하라고 요구
- 유명 NFT 마켓플레이스 플랫폼을 사칭한 이메일과 소셜 네트워크 채널로 크리에이터의 지갑 주소와 추가 개인 정보를 요구
- 컬래버레이션 프로젝트에 크리에이터로 초대한다며 작업 파일을 다운로드하라고 요구
- 신청한 적 없는 에어드롭 이벤트에 당첨되었으니, 지갑 주소와 추가 개인 정보를 알려달라고 요구

아직 NFT 세계가 낯선 새내기들을 노리고 해커들이 개인 정보를 빼내거나 이더를 훔치려고 시도할 수 있다. NFT 세계에서는 보안이 가장 중요하다. 항상 기억하자, 정상적인 커뮤니티나 플랫폼이라면 절대로 지갑의 백업 문구나 개인 정보를 요구하지 않는다.

  수상한 접근이라고 생각되면, 링크를 누르거나 회신하지 말고 우선 해당 계정을 두 번! 세 번! 확인해보자. 유명한 마켓플레이스 플랫폼에서 온 메일도, 어딘지 미심쩍은 구석이 있으면 구글링 해보고, 발신자의 메일 주소나 URL도 체크하자. 즐겁게 NFT 세계를 탐험하려

면 자신을 보호할 경계심이 필요하다.

 모르는 작품이 내 지갑에 들어왔다면 해킹일까?

'자나 깨나 해킹 조심'을 외치면서 보안에 신경을 썼는데 어느 날 희한한 일이 생겼다. 오픈씨 계정에 내가 모르는 NFT 작품이 들어있는 것이었다.

알고 보니 누군가 나에게 선물을 보낸 것이었다. 오픈씨에서는 [이전transfer] 기능이 있어서 받는 사람의 지갑 주소로 바로 NFT를 선물할 수 있다. 이때 가스비가 발생하는데, 가스비를 부담하면서까지 선물을 보내주었다고 생각하니 보낸 사람의 정성이 한층 더 깊게 느껴진다.

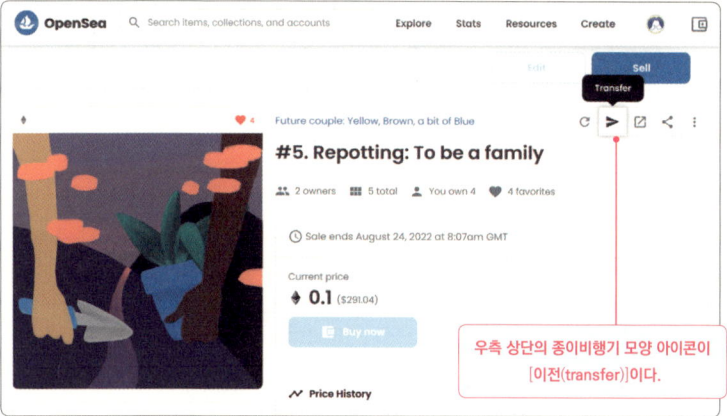

우측 상단의 종이비행기 모양 아이콘이 [이전(transfer)]이다.

그러나 보낸 이를 확인할 수 없거나 모르는 사람으로부터 온 에어드롭을 지갑에서 발견했다면 일단 경계해야 한다. 누군가 작품 홍보를 위해 무작위로 NFT를 에어드롭한 거라면 그나마 다행이지만, 지갑 주인이 NFT를 클릭하는 순간 지갑을 스캠scam하는 악질적인 '소매 넣기' 수법도 있기 때문이다.

에어드롭은 받는 이의 지갑 주소만 있으면 누구나 보낼 수 있다. NFT를 주고받을 수 있는 지갑 주소가 공개되어 있다 보니, 원하지 않는 선물이 나의 지갑에 불쑥 들어오는 상황이 발생하기도 한다. 아쉽게도 허용된 인물에게만 에어드롭을 받을 수 있는 기능은 따로 없으므로 원하지 않은 NFT가 지갑에 들어오는 것을 막을 수는 없다.

대신에 오픈씨 계정에 들어가서 공개하고 싶지 않은 NFT를 선택한 다음 [숨기기Hide]를 실행해보자. 이렇게 해두면 다른 사람들이 나의 오픈씨 페이지를 방문하더라도 숨김 처리한 NFT를 확인할 수 없다.

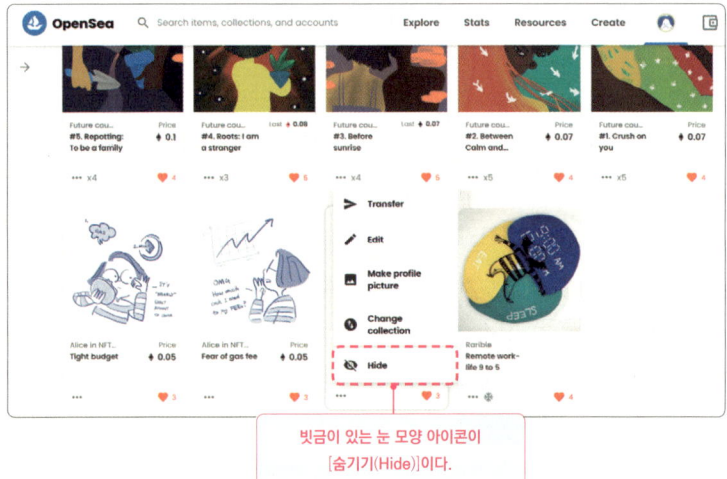

빗금이 있는 눈 모양 아이콘이 [숨기기(Hide)]이다.

정기적으로 자신의 오픈씨 계정과 지갑의 상태를 잘 확인하자. 모르는 새에 선물을 받았는지, 또는 스캐머의 공격이 있었는지, 항상 해킹의 위험으로부터 우리의 NFT와 지갑을 안전하게 보호하는 습관을 들이자.

서로 밀어주고 당겨주는 네트워킹

'루미블루'라는 부캐로 클럽하우스와 트위터에서 본격적인 활동을 시작했다. NFT 크리에이터를 팔로우하기 시작하니까 크리에이터들이 어디에 모이는지 선명하게 보인다. 친해진 NFT크리에이터들도 조금 생겼다.

특히 한국 크리에이터들이 모여 만든 NFT 웹사이트 '코리안 NFT (http://koreannft.com)'와 카카오톡 오픈채팅방 '클하NFT'에서 많은 NFT 새내기와 대선배님을 만났다. 커뮤니티에서 만난 크리에이터들과 작품에 대한 이야기뿐만 아니라 NFT의 미래와 앞으로의 전망에 대해 다양한 의견을 나누면서 점차 발을 넓힐 수 있었다.

마음이 끌리는 채널을 꾸준히 방문하면서 성향에 맞는 커뮤니티를 찾아보자. 내 작품을 소개하고 홍보할 기회를 어렵지 않게 얻을 수 있을 것이다. 클럽하우스나 트위터 스페이스에서 여러 크리에이터를 만나며 그들의 작품에 댓글을 달고 리트윗하다 보면 그들도 나에게 관심을 가진다. 발표할 기회가 있으면 놓치지 말고 짧은 자기소개라도 해보자.

해시태그를 타고 크리에이터들을 만나다 보니 지구 한 바퀴를 빙 돌았다. 끝없이 이어지는 NFT 관련 소셜 네트워크 피드를 보면서 NFT 크리에이터가 얼마나 많은지 깜짝 놀란다. 그만큼 서로 네트워킹할 기회도 많다는 뜻이겠지?

서로 성장할 수 있도록 작품 홍보를 도와주고, 이벤트에 초대해주고, 전시 기회가 있으면 잊지 않고 공유해주는 아름다운 커뮤니티 활동을 경험하고 싶다면, 지금부터 네트워킹을 해보자. 여러 사람들과 함께 NFT 세계를 탐험하면 힘든 일은 절반이 되고, 기쁜 일은 두배가 될 테니까!

NFT 커뮤니티 친구들과 파티에 가거나 이벤트에 다니며 재미있는 시간을 보내다 보면, 새로운 기회가 찾아온다. 대중에게 NFT 작품을 알리고, 크리에이터의 인맥을 더 넓힐 수 있는 NFT 전시회와 참여 방법에 대해서 알아보자

메타버스와 피지컬 전시 준비하기

좋은 신발이 좋은 곳으로 데려가준다는 말처럼, NFT 커뮤니티 활동을 하며 좋은 사람들을 만났더니 정말 좋은 일이 생겼다!

2021년 3월에 NFT 세계로 떠나는 여정을 시작해서 12월까지, 약 10개월 동안 여덟 곳의 NFT 단체 전시회에 참여할 수 있었다. NFT 커뮤니티와 소셜 네트워크에서 만난 인연 덕분이었다.

서울, 뉴욕, 파리, 런던 그리고 *메타버스 갤러리에 내 작품을 전시

---

* **메타버스(metaverse)**: 초월을 의미하는 메타(meta)와 우주를 뜻하는 유니버스(universe)의 합친, 현실과 연동된 3차원 가상세계를 말한다.

했다. 현실과 메타버스를 오가며 나의 NFT 작품을 선보이는 날이 오다니! NFT 세계 밖에 작품을 선보이고, 작품을 통해 사람들과 소통하는 특별한 경험이었다.

파리와 런던 갤러리는 직접 찾아갔다. 내 작품 앞에서 질문을 받고, 답변을 하고, 작품을 감상하는 사람들의 반응을 피부로 느끼는 그 순간, NFT 새내기가 되길 잘했다고 속으로 몇 번이나 외쳤다.

메타버스 전시는 더 특별했다. 누구나 NFT 아트를 좋아하는 사람이면 누구나 가상 갤러리에서 열리는 전시에 방문할 수 있었다. 전시를 통해서 전 세계 사람들을 만날 수 있어서 좋았다.

고마움과 감동이 뒤섞인 전시 경험들을 토대로, 이 책을 읽는 NFT

새내기들에게 전시와 관련된 이야기를 공유하고 싶다. 전시 경험은 단순한 NFT 작품 홍보를 넘어서, 크리에이터 활동 경력으로 사용할 수도 있다. 주변에 전시 기회가 있다면, 용기내서 지원하는 것을 추천한다.

전시에 참여하려는 NFT 새내기가 주의해야 할 점이 있는지 함께 살펴보자.

전시 기회 탐색하기

세계 최대 아트 경매사인 소더비Sotheby와 크리스티Christie가 NFT 아트 시장에 진출한 이후, 아트 갤러리들이 NFT에 관심을 가지기 시작했다. 이에 따라 크리에이터를 지원하는 다른 단체도 NFT 아트 전시를 차차 늘리며 대중에게 NFT를 선보이고 있다.

전 세계에 다양한 전시 기회가 열렸다. NFT 커뮤니티를 통해 전시 기회를 얻는 경우도 있지만, 간단히 인터넷 검색을 통해서 찾아볼 수도 있다. 런던 <컨템퍼러리 아트contemporary art>에도 직접 검색해서 지원했다. 구글에 영어로 '디지털 아트 전시digital art exhibition' 또는 '작가 모집call for artist' 등의 검색어를 입력하면 해외 전시 및 공모전의 지원자를 찾는 공고를 어렵지 않게 찾을 수 있다.

전시회에 참여하면 크리에이터로서 대중과 직접 소통하는 특별한 경험을 할 수 있다. 다만, 갤러리나 전시 주최측마다 작가에 대한 요구 사항이 다르니 꼼꼼하게 준비해야 한다. 작품 전시를 신청할 때,

고려해야 할 것들을 살펴보자.

장소	작가 경력에 도움이 되는 전시를 찾고 있다면, 전시가 열리는 장소를 확인하자. 특히 메타버스 전시회라면 유의해야 한다. 예술가 협회나 예술인 지원 프로그램에 지원할 계획이라면, 해당 프로그램에서 메타버스 전시도 경력으로 인정하는지 알아보자.
비용	갤러리나 전시 프로그램에 따라, 참여 작가에게 비용이 발생할 수 있다. 전시 참여에 드는 신청 비용은 갤러리나 이벤트 주최측의 정책에 따라 천차만별이다. 피지컬 작품을 전시하는 경우, 작품 배송과 설치 비용을 따로 요구하는지도 꼭 체크해야 한다.
판매 수수료	갤러리에서 작품을 전시하는 기간 동안 작품이 팔리면, 판매 금액의 일부를 갤러리에서 수수료로 가져간다. 갤러리마다 판매 수수료가 다르며, NFT 작품의 판매 수수료가 피지컬 작품의 판매 수수료와 차이가 있는지도 확인해야한다.

2021년 한 해 동안 여덟 곳의 전시에 참여하며 전시를 주최하는 갤러리나 운영진이 NFT에 대해 잘 이해하고 있을수록 전시에 참여하는 크리에이터와 컬렉터를 더 안전하게 보호할 수 있음을 느꼈다. 전시는 크리에이터와 갤러리 오너, 큐레이터 등 여러 사람이 협업하는 이벤트다. 모두에게 행복한 전시회를 위해 공정한 계약을 통해 서로 배려하고 보호해야 한다.

전시/이벤트 주최측과 계약하기

런던 <컨템퍼러리 아트>의 주최측은 NFT 작품을 판매한 경험이 없는 갤러리였다. 참가 신청을 할 때 NFT 전송 절차에 대해 문의했는데 갤러리 오너가 되려 나에게 물었다.

"갤러리를 통해서 NFT 작품을 판매하는 경우에 어떤 조건이 필요한가요?"

음, 어떠한 형태의 작품이라도 전시할 수 있다고 해서 참여하고 싶었는데, 갤러리 측의 질문을 들으니까 작품 전시와 판매 거래 중개를 맡겨도 되는지 걱정됐다. 불안을 안고 전시에 참여하고 싶지 않았기 때문에, 조금 복잡하더라도 계약서 조항들을 살피면서 갤러리와 협의했다.

여러 메일이 오가고, 계약서를 수정한 뒤에야 런던 전시에 참여할 수 있었다. 주최측이 NFT에 대해 이해도가 낮아 소통하는 데 시간이 오래 걸렸다. 반면, 런던 전시를 마친 후 파리에서 열린 NFT 빌라전 <메종 드 노엘Maison de Noël>과 계약할 때는 상당히 신뢰가 갔다. <메종 드 노엘> 전시를 주최한 갤러리 이함Galerie IHAM은 이미 여러 NFT 크리에이터와 계약해 온 경험과 노하우를 바탕으로 계약서에 크리에이터와 컬렉터의 권리와 책임을 정확히 명시했기 때문이다.

런던과 파리에서의 전시 경험 덕분에 다음 전시회에 참가할 기회가 생길 때마다 주최측의 경험과 이력에 대해 살펴보게 되었다.

계약서는 왜 이렇게 안 읽히는 거죠?

전시에 참여하게 되면 갤러리 또는 전시 주최측에서 전달하는 계약서를 받게 된다. 법률 용어와 딱딱한 문장으로 가득한 계약서를 읽다 보면 무슨 말인지 잘 이해가 안 되기 마련이다. 그냥 빈칸에 휘리릭 서명하려는 크리에이터가 있다면, 동작 그만!

돌다리도 두드려보고 건너라는 말처럼, 계약서를 꼼꼼하게 읽어야 한다. 계약서에 서명하기 전에 크리에이터의 권리를 존중하고 작품을 보호할 수 있도록, 궁금한 점을 빠짐없이 물어보고 답변을 확인하자.

갤러리가 다 알아서 잘해줄 거라고 넘겨 짚었다가 큰코다치는 수가 있다. 게다가 NFT 작품은 아직 아트 시장에서 새로운 개념이다 보니 작품의 관리 또는 거래 절차 체계가 잡히지 않은 경우도 있다. 이런 경우엔, 크리에이터가 적극적으로 갤러리와 소통해서 불분명한 내용들은 협의를 통해 명시하자.

계약서에 서명하기 전에 확인해야 하는 사항을 몇 가지 적어보았다.

1 NFT 작품 전송 절차

우선 갤러리와 컬렉터 그리고 크리에이터 간의 NFT 거래 조건이 계약서에 명확하게 기재되지 않았다면 갤러리와 깔끔하게 정리하자. 전시 중 거래되는 작품은 보통 다음 세 가지 중 하나의 절차를 밟게 된다.

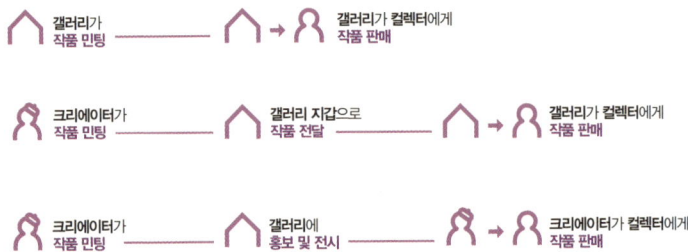

갤러리를 통해 NFT 작품이 판매된다면, NFT 작품을 컬렉터 지갑으로 전송하는 과정에서 발생하는 비용을 누가 지불하는지도 명시해야 한다.

2 전시 홍보 주의 사항

전시를 통해 홍보 효과를 보려면 많은 사람들이 찾아오도록 하는 게 중요하다. 하지만 너무 홍보에만 집중한 나머지 갤러리와 크리에이터 사이에 사전 동의 없이 전시 소식을 노출해서는 안 된다.

갤러리나 전시 주최측의 홍보 계획을 크리에이터도 알고 있어야 한다. 홍보 일정에 맞춰서 크리에이터도 개인 소셜 네트워크 플랫폼에 전시 관련 내용을 알리고, 사전에 동의된 내용에 대해서만 포스팅하도록 하자.

만약 갤러리나 전시 주최측에서 크리에이터의 작품을 홍보에 사용한다면, 어느 매체를 통해 게시될 건지, 전시가 끝난 후에 작품이 포함된 홍보물 사용도 종료되는지 등을 물어보자. 전시에 참여하는 동안은 크리에이터가 자신의 작품이 홍보에 어떻게 사용되는지 모니터링할 수 있지만, 전시 기간이 끝나고 자기도 모르는 사이에 작품이 원치 않는 용도로 사용되는 일이 발생할 수도 있으니까 세세하게 홍보 일정과 정책을 알아두자.

메타버스 갤러리의 경우에 전시 홍보를 위해 갤러리의 스크린샷을 사용하는 경우가 있는데, 이때 반드시 갤러리 주인에게 스크린샷 사용에 대해 허가를 받아야 한다. 스크린샷에 다른 크리에이터의 작품이 노출되어 있거나, 가상 갤러리의 인테리어 자체가 다른 크리에이터의 작품일 수도 있기 때문에 각 크리에이터의 사전 동의가 있었는지 확인하는 절차가 요구될 수도 있다.

3 작품 반환 절차

메타버스 갤러리가 전시 기간 동안 NFT 전시작을 갤러리 지갑으로 옮겨둔 경우, 전시가 끝날 때까지 작품이 판매되지 않았다면 NFT 작품을 크리에이터의 지갑으로 반환해준다. 피지컬 작품 역시 전시 기간 동안 판매되지 않으면 갤러리는 크리에이터에게 작품을 돌려줘야 한다. 만일 작품 반환에 배송비가 든다면 이 비용이 크리에이터에게 청구될 수 있다는 점을 기억하자.

작품을 찾아갈 수 있는 친절한 전시 안내

갤러리에 내 작품이 전시되면 친구나 가족을 초대하곤 한다. 전시회의 위치나 시작/마감 시간, 관련 이벤트 일정 등을 알려주며 즐거운 경험을 할 수 있도록 설명을 덧붙이면 더욱 좋다. 하지만 메타버스에서 진행되는 전시회라면 누군가를 초대하는 건 쉬운 듯하면서도 어려운 일이다. 여전히 몇몇 사람들에게 메타버스란 그리 친숙하지만은 않은 곳이기 때문이다.

NFT 새내기가 되고 처음으로 한국 NFT 커뮤니티Korean NFT를 통해 크리에이터로서 전시회에 참여했다. NFT OASIS라는 3차원 가상 공간에서 진행되는 전시였는데, NFT OASIS에 입장하기 위해서는 AltspaceVR이라는 가상공간 플랫폼을 사용해야 했다. 친구들은 해당 플랫폼에 방문했지만 기술적인 어려움에 부딪혀서 제대로 전시를 즐기지 못했다.

메타버스 갤러리에 작품이 전시되었다면 사람들을 초대하기 전에 미리 전시에 사용할 메타버스 플랫폼을 직접 체험해보자. 초대할 사람에게 메타버스 플랫폼을 어떻게 사용하는지를 함께 알려주면 더 즐거운 관람 경험을 선물할 수 있을 것이다.

갤러리에서 사람들에게 작품을 소개해보자

2021년 12월, 제2회 NFT 빌라전 〈메종 드 노엘〉의 피지컬 전시회가 프랑스 파리에서 열렸다. 무려 140명의 크리에이터가 참여한 큰 규모의 전시회였고, 그중엔 내 작품도 걸려있어서 직접 눈으로 보고 싶은 마음에 전시회에 찾아갔다. 다행히 내가 거주 중인 곳에서 파리는 유로스타 기차를 타면 2시간도 채 안 걸리는 가까운 거리였다.

전시 오프닝 파티가 열리는 날에 도착한 나는 갤러리에 들어서자마자 입이 딱! 붙어버렸다. 방문객이 많아서 갤러리가 북적거렸다. 여러 언어가 뒤섞여서 작품에 대한 감상이나 NFT에 대한 의견을 나누고 있었다. 내 작품이 전시되고 있는 스크린 앞에 가서도 한참을 꿀 먹은 벙어리처럼 조용히 있었다. 눈만 끔뻑거리고 있는 나에게 누군가 나타났다. 그 사람은 나에게 물었다.

"당신의 작품인가요?"

너무 반가워서 질문한 사람을 안아줄 뻔했다. 영어로 설명해도 괜찮은지 양해를 구한 후에 크리스마스와 호두까기 인형을 테마로 한 나의 NFT 작품 〈Bien Mérité〉를 소개했다. 떨려서 더듬거렸지만 하고 싶은 말을 다 했다. 작품 설명을 다 듣고 그 사람은 입을 열었다.

"참 오랜만에 나를 닮은 호두까기 인형을 만났어요. 좋은 작품을 보게 되어 기뻐요."

나는 NFT 작품에 다양성을 표현하려는 시도를 해왔다. 호두까기 인형 역시 다양성에 대한 주제를 반영한 오브제인데, 다른 사람이 작품에 대한 설명 없이도 내 의도를 파악할 수 있다는 점이 놀라웠다. 기쁜 마음으로 작품에 담긴 내 생각에 대해 더 많은 이야기를 나눴다. 처음 만나는 사람과 이런 이야기를 할 수 있다니. 한참 이야기를 하다 보니 어느새 하나둘 내 이야기를 듣는 사람이 늘어났다. 사람들은 작품을 다시 한번 들여다봤고, 토론에 참여하는 사람도 있었다.

피지컬 갤러리에서 내 작품을 옆에 두고 소개하는 건 메타버스나 소셜 네트워크 이벤트에서 발표하는 것보다 더 긴장되는 경험이었다. 하지만 곧 작품과 작품에 담긴 의도에 대해 사람들 앞에서 이야기할 수 있는 흔치 않은 기회를 잡은 스스로가 기특하고, 또 뿌듯했다.

만일 피지컬 전시에 작품이 전시되면 직접 갤러리에 방문해서 사람들과 작품에 대해 소통해보자. 사람들과 깊은 대화를 나눌 특별한 기회가 될 거다.

작품 전시가 판매에 도움이 될까?

NFT 새내기로서 걸음마를 시작한 지 얼마 안 되었을 때는, 전시에 내 작품이 걸린다는 사실만으로도 흥분해서 앞뒤 안 보고 참가 신청서를 냈다. 참가 비용이 있든 없든, 사람들이 갤러리에서 나의 NFT

작품을 볼 것이라는 상황 자체가 엄청나게 특별하게 다가왔다.

런던 <컨템퍼러리 아트>에 내 NFT 작품을 출력하여 전시했다. 갤러리 관리자가 몇몇 작품 옆에 '*솔드아웃sold-out'이라고 적힌 스티커를 붙이고 있었고, 그걸 본 어느 관람객이 물었다. "전시가 실제 판매로 연결되나요?" 그런가? 생각해보았다. 내 작품은 전시 중에 판매된 적이 없다. 그러나 "아니오!"라고 대답할 수는 없었다.

전시회에 참여할 때마다 클럽하우스에 소식을 알리고, 핀 트윗pin tweet도 하며 열심히 작품과 전시회를 홍보했다. 그 결과, 처음 보는 컬렉터들이 나의 작품을 홍보 트윗에서 보고 구매했다. NFT 전시가 직·간접적으로 NFT 크리에이터의 작품을 널리 알릴 수 있는 기회인 것이다. 우리의 NFT 작품이 더 많은 사람들에게 닿을 때까지, 계속 새로운 전시와 이벤트에 참여하며 대중들의 관심을 끌어보자.

전시회에 참여하면 홍보 효과도 톡톡하지만, 소중한 인연도 만들어나갈 수 있다. NFT 크리에이터뿐만 아니라 갤러리 주최측과 큐레이터 등 다양한 사람들을 만나다 보면 네트워크가 점점 확장되고 소통할수록 서로의 관계가 탄탄해지는 것을 경험할 수 있다.

더 넓은 NFT 세계에서 많은 크리에이터와 컬렉터를 만나보고 싶다면 다른 마켓플레이스 플랫폼도 탐색해보자. 활동 영역이 넓어질수록 크리에이터의 존재감도 계속 자라날 테니까!

---

* 갤러리에서 작품에 솔드아웃(sold-out) 스티커가 붙어있다면 전시 중에 작품이 판매되었다는 뜻이다. 즉, 전시회를 통해 작품이 판매되는 경우도 드물지 않다.

NFT 플랫폼,
어디까지 가봤나요?

　　　　　　　　　　NFT 크리에이터가 어떤 마켓플레이스 플랫폼에서 활동하는지도 작품 홍보 전략 중 하나가 될 수 있다. NFT 마켓플레이스 플랫폼의 성격에 따라 컬렉터가 기대하는 작품의 스타일이나 가격, 또는 거래 방식이 달라지기 때문이다. 어떤 물건을 사고 싶은지에 따라 백화점에 가기도 하고, 편의점에 가기도 하듯이, 컬렉터도 다양한 플랫폼을 돌아다니며 원하는 작품과 작가를 찾아다닌다.

　오픈씨는 NFT 작품 민팅 비용을 일부 지원하고, 2차 판매 수수료를 지급하기 때문에 많은 크리에이터가 선택하는 비교적 대중적인 마켓플레이스 플랫폼이다. 지금까지 오픈씨에서 기초를 다졌다면,

이번엔 다른 플랫폼에서 새로운 컬렉터를 만나보자.

성실한 NFT 새내기라면 곧 자신만의 색과 개성을 바탕으로 존재감 있는 크리에이터로 거듭나게 될 것이다. 크리에이터의 성장 곡선이 휙! 하늘로 치솟을 때, 커뮤니티에서는 '천상계로 날아간다'고 표현하기도 한다. 천상계에는 어떤 플랫폼이 있을까?

'천상계' 크리에이터들이 날아다니는 곳

오픈씨는 별도의 승인 절차 없이 누구나 민팅할 수 있는 오픈 플랫폼이기 때문에 NFT 새내기가 발돋움하기 좋은 플랫폼이다. 오픈씨에서 기초를 잘 다졌다면 이번엔 큐레이션 플랫폼 슈퍼레어Super Rare와 파운데이션Foundation에 대해 알아보자.

큐레이션 플랫폼은 심사 과정을 통해 작품 판매 자격 승인을 받아야 작품을 판매할 수 있다. 큐레이션 플랫폼은 들어가기 어려운 만큼, 거래 가격이 높고, 컬렉터들의 경매 경쟁도 뜨겁다.

슈퍼레어 Super Rare

슈퍼레어는 2018년부터 디지털 아트를 거래해 온 큐레이션 플랫폼으로, 세계적인 NFT 크리에이터 '미스터 미상'이 활동하는 곳으로 잘 알려졌다. 플랫폼 관계자가 직접 작품을 선정하기 때문에 크리에이터는 슈퍼레어에서 제공하는 '아티스트 신청서'를 제출한 뒤 아티스트 선정 결과를 기다려야 한다. 공식적인 심사 기준은 없지만 슈퍼레어에 입성하게 된 크리에이터들의 말에 따르면, 슈퍼레어는 작품의 예술성을 중시하고, 독창적인 화풍을 선호한다고 한다.

신청서는 누구나 작성할 수 있는 구글 폼form이다. 포트폴리오, 소셜 네트워크 계정, 1분짜리 작가 및 작품 소개 영상과 3~5개의 작품, 그리고 작품 소개 등을 적어 제출하면 된다.

| 슈퍼레어 아티스트 신청서

https://docs.google.com/forms/d/e/1FAIpQLScTZhB9On31j-uoFzMD3hg0gGNf3hgjVyBz1xwCH-sOBSydvPw/viewform

파운데이션 Foundation

파운데이션은 2021년 2월에 개설된 '커뮤니티-큐레이션' 플랫폼이다. 일반적인 큐레이션 플랫폼처럼 심사에 통과한 크리에이터만 플랫폼에서 작품을 판매할 수 있는데, '커뮤니티-큐레이션' 플랫폼이라고 소개한 이유는 심사의 주체가 플랫폼 관계자가 아닌 크리에이터이기 때문이다. 플랫폼에 판매 승인 신청을 하고 투표에서 다른 크리에이터에게 *업보트를 많이 받으면 판매 승인을 받을 수 있다.

투표 외에 방법이 한 가지 더 있는데, 파운데이션에서 활동 중인 다른 크리에이터로부터 초대장을 받는 것이다. 초대장은 작품 판매에 성공한 크리에이터에게 **한정 수량으로 2022년 1월 기준 세 장 제공된다.

독특한 큐레이션 방식과 초대장 시스템 덕분에 파운데이션에서

---

*   **업보트(upvote)**: 온라인에서 '좋아요' 또는 '찬성'의 뜻으로 쓰이는 신조어. 반대말은 '다운보트(downvote)'다.

** **파운데이션의 서프라이즈 초대장**: 2022년 2월에는 파운데이션에서 작품이 팔린 작가들에게 깜짝 선물로 초대권을 10장씩 보내주었다. 비싼 수수료와 초기 비용때문에 살짝 꺾였던 파운데이션 입성 열기가 깜짝 초대권 선물 덕분에 다시 타올랐다.

활동하는 크리에이터는 그 자체로 특별한 이미지를 부여받는다. 파운데이션 초대장을 받는 것이 곧 NFT 세계의 *'인싸' 인증이라고나 할까?

파운데이션 초대장을 판매할 테니 이더를 보내라는 은밀한(?) 제안을 해오는 사람도 있다. 하지만 이더를 요구하는 경우는 대부분 순진한 NFT 새내기를 속이려는 나쁜 손이다. 파운데이션 초대장이 필요하다면 믿을 수 있는 경로를 통해서 구하도록 하자.

슈퍼레어와 파운데이션, 초기 비용도 '천상계'급이다.

큐레이션 마켓플레이스 플랫폼에서 데뷔를 계획하고 있는 NFT 새내기라면 초기 비용 예산을 각별히 고려하고 진행하자.

큐레이션을 통해 플랫폼에서 거래하는 작품의 퀄리티를 유지하는 만큼, 플랫폼을 사용할 때 발생하는 비용도 더 비싸진다. 슈퍼레어와 파운데이션은 작품 판매가의 15%를 수수료로 지불하게 한다. 2022년 1월 기준 오픈씨의 거래 수수료가 판매가의 2.5%인 것을 생각해보면 꽤 높은 비용을 수수료로 책정하고 있음을 알 수 있다. 하지만 앞에서 언급했듯, 큐레이션 플랫폼은 작품의 퀄리티를 보장하는 만큼 판매가 역시 비교적 높은 편이니 각각 장단이 있다.

---

* **인싸**: 인사이더(insider)의 약자. 맥락마다 다른 의미로 쓰이지만 일반적으로 사람들과 잘 어울려 지내고, 무리에서 영향력을 발휘할 수 있는 사람을 말한다. 반대개념은 아싸(아웃사이더, outsider).

NFT 커뮤니티는 슈퍼레어나 파운데이션에 진출하는 크리에이터를 진심으로 축하하고 응원해준다. 열심히 작품 활동한 크리에이터의 성장은 같은 배를 타고 있는 사람들에게 희망을 주고 꿈을 꾸게 해주기 때문이다.

NFT 새내기에게 '천상계'에 입성해야만 한다고 등을 떠미는 것처럼 보일까 조심스럽다. 꼭 슈퍼레어나 파운데이션 같은 큐레이션 플랫폼에서 활동해야만 성공한 크리에이터가 되는 것은 아니다. NFT 세계에는 크리에이터가 즐길 거리가 잔뜩 있다. 조바심 내지 말자. NFT 세계에서 재미있는 일을 꾸며보고, 신나게 놀면서 자기의 길을 찾아가는 과정 전체가 성공이니까!

한국에서 핫한 국내 NFT 플랫폼 - 클립드롭스

지금까지는 글로벌 마켓플레이스를 소개했는데, 한국에서는 *클립드롭스Klip Drops가 뜨고 있다. 클립드롭스는 카카오 자회사인 그라운드 X에서 제공하는 NFT 마켓플레이스 플랫폼이다. 클레이튼Klaytn 네트워크에서 지갑 '클립Klip'과 암호화폐 '클레이Klay'를 사용하면 NFT를 거래할 수 있다.

클립드롭스는 2021년 7월부터 5개월 간 24시간 동안만 원하는 작가의 디지털 아트를 구입할 수 있는 심장 쫄깃한 '한정 판매' 이벤트

---

* **클립드롭스**: https://klipdrops.com

를 진행했다. 미스터 미상과 하정우, 레이레이 등 유명 아티스트 라인업으로 주목을 끌었고, 베타 서비스로 지원되던 클립드롭스는 12월에 정식 런칭되었다.

정식 런칭된 클립드롭스는 베타 버전에서 선보였던 시간 제한 콘셉트에 충실하다. 어떤 서비스를 제공하는지 살펴볼까?

1. 1D1D

1D1D(One day One drop)는 하루에 단 한 명의 국내외 크리에이터를 조명하는 한정판 디지털 아트 큐레이션 갤러리이다. 1D1D 크리에이터의 작품은 단 하루, 24시간 동안 판매된다.

평소 파운데이션 등 다른 NFT 마켓플레이스에서 눈여겨 보았던 유명 크리에이터의 고가 작품을 보다 접근 가능한 가격으로 만나보는 기회이기도 하다. 좋아하는 아티스트들의 작품을 찰떡같이 큐레이팅 하는 클립드롭스, 탐나는 작품이 정말 많다.

2. dFactory

크리에이터의 독창적인 아이디어와 아이덴티티를 보여주는 하이퀄리티 컬렉터블스collectibles를 만날 수 있다. 큐레이팅된 컬렉터블스 역시 제한된 기간 동안만 구매할 수 있다. 한정판으로 판매되는 작품을 구매하면 피지컬 경품이 같이 제공되는 경우도 있다.

3. Market

제한된 기간 동안만 작품을 거래할 수 있어 경쟁이 치열한 1D1D 그리고 디팩토리와 별개로, 이미 소유하고 있는 작품을 2차 판매하는 컬렉터들 간의 거래가 이루어지는 공간이다. 개인적으로 정말 가지고 싶었던 작가들의 작품들이 벌써 2차 판매 가격으로 올라온 것을 보고 어서 클레이를 모아야겠다고 다짐했다.

클립드롭스는 누구나 디지털 아트를 자유롭게 감상하고 거래할 수 있는 환경을 만들겠다는 목표를 가지고 탄탄한 기획을 보여주고 있다. 크리에이터들이 직접 자신의 NFT 작품을 판매할 수 있는 서비스도 준비 중이라고 하니 (2022년 1월 기준) 클레이튼에 관심이 있고, 국내 NFT 마켓플레이스에 진출하려는 크리에이터라면 클립드롭스의 다음 행보를 지켜보자!

작가 모집 중인 신규 플랫폼을 찾자

NFT 세계는 넓고, 기회는 더 많다. NFT에 대한 관심으로 마켓플레이스 플랫폼들이 하나둘씩 런칭되고 있다. 신규 플랫폼은 그들만의 개성 있는 콘셉트, 기술력, 기획으로 크리에이터의 마음을 사로잡는다.

많은 사람을 끌어오기 위해서 신규 플랫폼은 적극적으로 자체 홍보를 하기 때문에, 해당 플랫폼에서 활동하는 크리에이터가 홍보 효과를 누릴 수 있다는 장점이 있다.

공모전으로 크리에이터 존재감 알리기

신규 플랫폼을 런칭하면, 크리에이터를 모으기 위해 공모전이 열리기도 한다. 나도 한국에서 열린 NFT 공모전에 참여해보았다. 신규 플랫폼의 홍보 효과를 노린 것이다. NFT 공모전 당선자에게 주어지는 특별한 홍보 혜택은 무엇일까?

1 업비트 NFT 마켓플레이스
가상자산 거래소가 운영하는 마켓플레이스 플랫폼

세계문자심포지아에서 NFT 공모전을 지난 2021년 7월에 주최했다. 공모 수상작은 한국의 가상자산 거래소인 업비트Upbit에서 런칭한 마켓 플랫폼인 *업비트 NFT의 **드롭스Drops로 민팅되며, 경매에 부쳐진다고 해서 참가했다.

공모전의 주제는 "문자의 생성과 소멸", 현재 쓰이지 않는 고대문자 체계를 활용해 창의적인 이야기를 담는 것이다. 흥미로운 주제에 관심을 가지고 참여했는데 운 좋게 당선되었다. 공모전에 당선된 작품을 가지고 업비트 NFT 드롭스에서 거래하기 위해 계약을 진행하였다.

---

* **업비트 NFT(Upbit NFT)**: https://www.upbit.com/nft

** **드롭스(Drops)**: 업비트 NFT의 마켓은 'Drops'와 'Marketplace'로 나뉜다. Drops는 크리에이터가 최초로 발행한 NFT가 거래되는 1차 마켓이고, Marketplace는 Drops에서 거래된 NFT를 다른 사용자와 자유롭게 사고 팔 수 있는 2차 마켓이다.

2022년 3월 14일, 내 NFT 작품이 에디션 없는 단 하나의 유일본 경매로 판매되었다. 경매로 NFT를 거래하는 건 처음이었기 때문에 경매가 진행되는 24시간 동안 오퍼가 들어오는 것을 모니터링했다. 다른 크리에이터들의 경매 카운트다운을 지켜보는 것만으로도 손에 땀이 났는데, 직접 겪어보니 박진감이 한 층 더했다.

2 제노
NFT 작품이 코엑스 플라자에 나타났다?

*제노Xeno는 홍콩의 투자회사 제노홀딩스Xeno Holdings에서 런칭한 NFT 플랫폼이다. 제노는 2021년 9월 '제노 NFT 아트 콘테스트'에서 공모전 당선작을 코엑스 밀레니엄 광장 내 위치한 디지털 디스플레이에 전시한다는 파격적인 시상 혜택을 걸었다.

비록 내 작품이 당선되지는 않았지만, 당선된 NFT가 코엑스 광장에 걸려있는 영상을 보며 감탄했다. 코엑스 광장은 주류 인기 상품의 광고가 걸리는 공간이라고 생각했는데, NFT가 전시되어 있는 것을 보니 NFT의 영향력이 얼마나 큰지 또 한 번 느낄 수 있었다. 당선작은 코엑스의 디지털 디스플레이뿐만 아니라 새로 단장한 제노의 마켓플레이스 플랫폼에서 만날 수 있다.

크리에이터뿐만 아니라 NFT를 다루는 시장은 거의 모두 '새내기'

---

* **제노(Xeno)**: https://xno.live/index

다. 플랫폼도, NFT 아트와 연결된 사업들도 모두 새로운 것에 도전하는 과정에서 시행착오를 겪고 있다. 공모전에 지원하며 플랫폼이 NFT 공모작을 관리하는 방법 등을 어떻게 제안하는지, 계약 조건이 정당한지 살펴보아야 한다는 것을 배웠다. 크리에이터와 플랫폼이 서로의 권리를 보장하고 건강한 관계를 유지할 수 있도록 계약이 합리적인지 따져보자.

소통하는 플랫폼, 쇼타임

소셜 네트워크 플랫폼 쇼타임Showtime은 NFT 세계의 인스타그램을 꿈꾼다는 포부로 몇 개월에 걸쳐 전 세계의 NFT 크리에이터를 소개하는 스포트라이트 이벤트를 정기적으로 열었다. 매주 클럽하우스에서 국가별 스포트라이트 이벤트를 열어 이벤트에 참가한 크리에이터에게 발표 기회를 주는 것이었다. 쇼타임 플랫폼의 커뮤니티 빌딩 community building 담당자가 모더레이터로 나서서 각 나라의 아티스트들과 만나는 시간을 가졌다.

2021년 8월 쇼타임의 커뮤니티 매니저가 진행하는 스포트라이트 이벤트에 한국 NFT 커뮤니티가 참가했다. 쇼타임은 한국 NFT 커뮤니티에서 활동하는 크리에이터의 이야기를 들었고, 이벤트에 참여한 크리에이터의 작품은 쇼타임 공식 트위터 계정을 통해 홍보되었다. 플랫폼과 크리에이터가 직접 소통할 수 있는 이벤트를 통해 서로의 관계에 신뢰를 쌓는 전략을 택한 점이 인상 깊었다.

쇼타임 아티스트 스포트라이트 이벤트가 끝난 후, 내 작품을 소개해준 트윗

　스포트라이트 이벤트에 참여한 크리에이터도 고마운 마음을 담아 쇼타임을 홍보했다. 소셜 네트워크의 프로필 링크에 쇼타임 주소를 추가해서 플랫폼의 인지도를 높이고, 함께 이벤트에서 소개된 다른 크리에이터의 작품을 리트윗했다. 누가 시키지 않아도 서로를 홍보하는 플랫폼과 크리에이터의 모습을 보면서, 상생하는 건강한 생태계가 구축되어가는 것을 느꼈다.

NFT 세계에서 커뮤니티의 중요성을 다른 플랫폼들도 느끼는지, 요즘은 트위터 스페이스나 클럽하우스에서 오픈씨, 파운데이션, 라리블 등 여러 마켓플레이스 플랫폼에서 크리에이터와 함께하는 NFT 이벤트를 더 많이 열고 있다. 혹시 네트워킹이 필요하다면 이벤트가 열렸을 때 놓치지 말고 들어가보자.

NFT 마켓플레이스 플랫폼이 성공하려면 좋은 기획이나 기술도 필요하지만, 결국엔 사람이 모여야 한다. 플랫폼의 역할은 NFT에 대해 관심을 가지고 있는 사람들이 모여 가장 재미있게 놀 수 있도록 판을 짜는 것이다. 미래에는 어떤 판이 등장할지 궁금하다.

내로라하는 글로벌 NFT 플랫폼의 메인을 차지하고 당당하게 자신의 작품을 알리는 아티스트들을 보면 진짜 와! 소리가 나온다. 그리고 클립드롭스를 비롯한 한국 신규 NFT 플랫폼들의 런칭 소식도 참 반갑다. NFT 아트에 대한 관심과 서비스의 성장 속도가 워낙 빨라서, 100m 달리기 경주를 보는 것처럼 박진감이 넘친다.

가슴 설레는 경주, 직접 트랙에 함께 올라서 달려볼까? 새로이 런칭하는 NFT 마켓플레이스 플랫폼 중에 어디에서 뛰어볼까 벌써 두근거린다. 혹시 같이 두근거리는 NFT 새내기가 있다면, 지금부터 새로운 작품을 기획하고, 창작해보자.

NFT 새내기는
해피엔딩을 맞이할까?

NFT 세계에서는 시간이 10배쯤 빨리 가는 것 같다고 농담을 하곤 한다. 무한한 가능성을 가진 세상에서 다양한 크리에이터의 작품을 구경하며 작업하다 보면, 시간 가는 줄 모른다. 한 걸음씩 씩씩하게 작업하다 보면, 창 밖 풍경이 밤일 때도 있고, 눈도 오고, 어느 날 꽃도 핀다.

초반엔 복잡하고 생소해도 새로운 것을 배운다는 게 신이 났다. 본격적으로 NFT 작품을 만들고, 민팅한 후에는 전 세계에 있는 컬렉터들과 커뮤니티를 향해 직접 내 작품을 홍보했다. 눈코 뜰 새 없이 바쁜 한편으로, 슬슬 궁금해지기 시작했다. NFT 새내기, 우리… 좋은 방향으로 가고 있는 걸까?

세 걸음 | 나의 NFT 작품 홍보하기

열심히 걸어온 우리, NFT 새내기들의 앞날에도
꽃이 활짝 피는 해피엔딩이 올까?

누구나 휴식과 충전이 필요하다

사람들이 변화에 적응하는 속도가 얼마나 빠른지, 매일 NFT 관련 뉴스와 커뮤니티 지인들의 포스팅을 보면서 놀란다. 수많은 정보와 기회들이 시차도 없이 계속 쏟아지기 때문에 항상 소셜 네트워크 플랫폼 알림을 확인하게 된다.

몸은 하나인데, 가고 싶은 길은 많고, 열린 문은 더 많고… 현실에서는 본캐로 열심히 일하고, 부캐의 활동도 놓치고 싶지 않기에 두 배로 힘들다. 24시간이 모자라다고 무리하다가는 덜컥, 신호가 온다. 몸이 아프거나, 창작 의욕이 떨어지거나, 이런 신호가 올 때는 과감하게 충전의 시간을 갖자.

충전의 시간이 필요한 것을 알면서도 주저하게 될 때 어떻게 대처해야 하는지 몇 가지를 제안하려 한다. 왜냐하면 그 어떤 이유도 크리에이터 자신보다 중요하지 않다는 것을 깨달았기 때문이다.

1 커뮤니티에서 존재감이 사라지지 않을까?

NFT 새내기가 빠르게 성장하는 데에 큰 도움을 주는 커뮤니티 활동. 갑자기 소셜 네트워크 활동을 중단하면 사람들이 나를 잊어버릴까 걱정된다. 이럴 때는 커뮤니티에게 잠시 휴식하고 돌아오겠다고 간단하게 알려주자. 갑자기 소식이 끊기면 무슨 일이 있나 주변에서도 걱정하게 된다. 어느 정도 충전 시간을 가지고 돌아올 예정이라고 알려주면 좋다.

2 작업 시간이 부족한 건 아닐까?

좀 길게 충전 시간을 가지려고 한다면, 활동 중인 커뮤니티나 관심 있는 플랫폼에서 가까운 시일 내에 큰 이벤트나 전시를 기획하고 있는지 미리 확인해두자. 글로벌한 축제나 이벤트가 있다면, 커뮤니티나 플랫폼에서도 관련된 프로모션 이벤트를 기획 중일 수 있다. 할로윈, 크리스마스 큰 이벤트가 다가오기 전에 미리 일정을 알아두면 충전 기간과 작업에 필요한 시간을 계획할 때 도움이 된다.

3 감이 떨어지는 건 아니겠지?

이제 겨우 NFT 세계에 대해 감을 잡은 것 같은데, 잠깐 쉬면 시장에 대한 감이 떨어질까 두려울 수도 있다. 그런데 신기하게도, 새로운 것을 배우고 익히는 내공을 충분히 길러놓은 크리에이터라면 금세 다시 적응할 수 있다. 마치 자전거 타는 법을 한번 배우면, 오랫동안 자전거를 타지 않아도 언제든지 다시 탈 수 있는 것처럼. 감보다 중요한 건, 변화를 파악하고 다시 도전하는 것이다. 지금까지 씩씩하게 NFT 세계를 탐험하며 내공을 키운 새내기라면 감이 떨어질까 걱정하지 말자.

온 세상이 NFT에 주목하는 시기에 매일같이 새로운 기회가 찾아오니 쉬는 시간도 아까운 그 마음은 충분히 이해가 된다. 하지만 모든 기회를 다 잡으려고 무리하다 갑자기 아프기라도 하면 정말 하고 싶었던 것도 못 하게 된다. 충분한 휴식으로 몸과 마음을 충전해야 더 좋은 작업이 가능하다는 것을 잊지 말고, 쉬어야 할 때는 푹 쉬자!

작품 판매 소식은 언제쯤 들을 수 있을까?

시간과 노력을 들여서 NFT 작품을 만들고 홍보까지 하고 나면, 작품 판매 소식이 기다려진다. 판매 소식이 너무 간절하면 기다리다 못해 여러 증상(?)이 나타나기도 한다.

- **호다닥 알림 확인하기:** 누가 작품 포스팅에 '좋아요'만 눌러도 이 사람이 내 컬렉터가 될까 싶어서 후다닥 소셜 네트워크 알림을 열어 확인하게 된다.
- **메일함 새로고침하기:** 오픈씨에서 NFT 작품이 판매되면, 크리에이터에게 축하 메일이 발송된다. 아침 저녁으로 '혹시 축하 메일이…'하는 마음으로 받은 편지함을 계속 새로고침하게 된다.
- **트윗 급발진:** 혹시 컬렉터가 아직 내 작품을 못 봐서 구매를 못했나 싶어서 홍보 트윗을 마구마구 포스팅한다. 해시태그가 2줄, 3줄, 아니 글자 수를 다 채울 때까지 계속된다.

나는 첫 컬렉션을 리스팅하고 매일 작품 판매 소식을 기다렸다. 하루, 이틀, 날짜가 지날수록 초조했다. 일주일쯤 지났을 때, 소셜 네트워크 알람을 다 끄고 혼자 방구석에 시무룩하게 앉아있었다. 잘 모르는 암호화폐, 가상자산, 괜히 공부한다고 일만 벌였다가 아무 성과도 없이 끝나는 것 같아서 우울함이 마구 치솟았다.

'작품이 안 좋았나?'

'홍보가 부실했나?'

'너무 비싼가?'

질문이 꼬리에 꼬리를 물고 이어졌지만, 마땅한 답을 찾을 수 없었다. 몇 날 며칠을 혼자 우울해하다가 문득 NFT 새내기가 되기로 결심한 첫 날의 기록을 다시 돌아봤다. 나의 시작점은 새로운 세계에 대한 '호기심'이었다. 앗! NFT 세계에서 먹고 싶었던 진짜 잿밥은 호기심을 채우는 것이었는데, 어느 순간 NFT 작품을 '팔아야겠다'는 마음이 너무 커져서 진짜 원하는 것을 잊고 있었다. 재미있게, 즐겁게 NFT 세계를 탐험하겠다던 초심을 찾고 나서야 다시 NFT가 눈에 들어왔다.

우연일까? 마음을 추스르고 다시 NFT 커뮤니티 활동을 하다 보니 첫 민팅 3주만에 드디어 나에게도 판매 소식이 들려왔다. 새내기들에게 NFT 작품 판매 소식을 너무 애절하게 기다리지 말라고 조언하고 싶다. 판매 소식만 기다리다가 혼자 마음 상하고 속상해할까봐 걱정되기 때문이다.

NFT 크리에이터가 걸어가는 길은 '선'이 아니라 '점'의 연속이다. NFT를 판매했다고 끝나는 것이 아니라, NFT의 무한한 가능성에 크리에이터의 상상력과 창의력을 얹어서 더 넓은 영역으로 성장해 가는 과정이다. 내 작품을 정말 마음에 들어 하고, 진심으로 좋아서 구매하는 컬렉터가 분명 나타난다. 소중한 컬렉터를 만날 때까지, 긍정적인 마음으로 NFT 세계를 즐기자.

첫 NFT 판매까지 얼마나 걸리나요?

NFT 관련 주제로 토론하는 클럽하우스 방에 들락날락하던 2021년 어느 초여름날, 한 질문이 귀에 딱! 꽂혔다.

"첫 NFT를 팔기까지 얼마나 걸렸나요?
How long does it take to sell your first NFT?"

이제 막 NFT 세계에 입문한 크리에이터가 클럽하우스 방에 있는 100명가량의 사람들을 향해 질문을 던졌다. 사람들의 답변이 너무 궁금했다. 스피커들이 하나둘씩 자신의 경험을 이야기하는데, 평균을 낼 수 없을 만큼 기간이 들쭉날쭉이었다. 그 방에서 경험담을 공유한 사람들 중에서 판매까지 기간이 가장 짧은 사람은 작품을 리스팅 하자마자 제네시스 드롭 파티에서 바로 컬렉터가 작품을 구매했다고 했고, 가장 긴 사람은 6개월만에 오픈씨 판매 메일을 받았다고 했다. 판매에 6개월이 걸렸다고 대답한 크리에이터는 첫 판매에 여러 작품이 한 번에 판매되었다고 한다. 포기하지 않고 꾸준히 작품 활동을 해온 결과였다.

시간이 흐를수록, 첫 판매까지 얼마나 걸리냐, 첫 판매에 얼마나 벌었냐 등등 판매와 관련된 질문이 많아진다. 하지만 개인차가 너무 커서 "평균적으로 시간이 이만큼 듭니다"라고 대답할 수 없다.

판매 소식만을 목 빼고 기다리다 보면 작품 활동에 지장을 주기 마련이다. 컬렉터를 기다리는 설레는 마음이 지쳐버리지 않도록 마음을 잘 다스리자.

오픈씨에서 작품이 팔리면 일어나는 일들

건강하게 마음을 관리하면서 작품 활동을 이어가다 보면, 그날이 온다. NFT 작품이 팔리는 날! NFT 작품이 팔리면 정말 기분이 짜릿하다.

앞서서 조바심 내지 말라고 해놓고, 약 올리는 건가 싶겠지만, 그런 의도가 아니다. 한 달가량 판매 소식을 기다렸던 나는 판매 소식이 어떻게 오는지도 모르고 발만 동동 굴렀다. 알고 기다리면 더 반가운 판매 소식, 이제 막 NFT 새내기가 된 여러분에게 작품이 판매되면 어떤 일이 일어나는지 알려주고 싶다. 이를 테면 '맛보기'랄까?

우선, 컬렉터들이 작품을 구매하기 전에 미리 소셜 네트워크 플랫폼을 통해 메시지를 보내는 경우가 있다. 작품과 크리에이터에 대해 꼼꼼하게 알아보고 구매하고 싶어하는, 매우 적극적인 컬렉터를 만났다면… 정말 축하한다! 크리에이터에게 직접 연락을 할 만큼 컬렉터가 정성을 보였다면, 그만큼 정성을 다해 물음에 답하자. 컬렉터와의 만남은 새로운 관계를 형성하는 중요한 순간이다. 직접 일대일 메시지를 통해 컬렉터가 말을 걸어온다면, 진솔하게 대화해보자. 작품을 통해 시작한 관계가 더 넓고, 깊어지는 기회가 열릴 테니까.

오픈씨 '판매 알림 메일'은 판매 소식을 가장 확실하게 들을 수 있는 방법이다. 따로 크리에이터에게 구매 의사를 밝히거나, 메시지를 보내지 않고, 조용하게 작품을 구매하는 컬렉터들도 있다. 크리에이터가 여러 작품을 관리하다 보면 오픈씨 계정에서 어떤 작품이 팔렸는지 놓칠 수도 있는데, 오픈씨 '판매 알림 메일'은 아주 확실하게 판매된 작품과, 구매한 컬렉터 계정, 그리고 판매 금액을 알려준다.

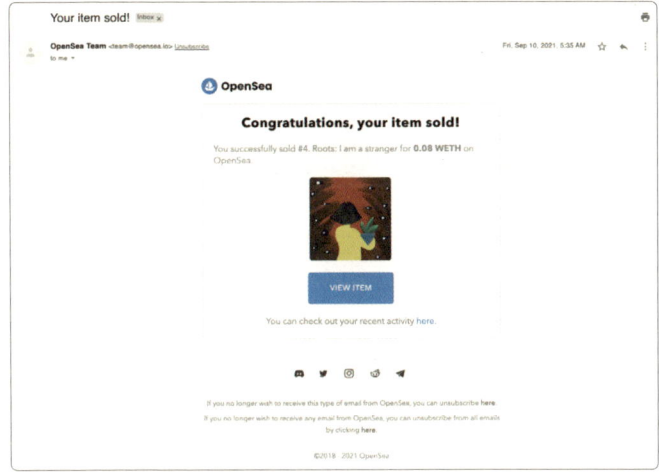

오픈씨의 작품 판매 알림 메일. 컬렉터의 계정 정보와 판매 가격을 알려준다.

'오퍼 알림 메일'은 경매로 올렸던 작품이나, 민팅만 하고 리스팅을 하지 않은 작품에 컬렉터가 구매 의사를 밝히고, 가격을 제안하는 메일이다. 크리에이터는 오퍼를 받은 작품 페이지에서 오퍼를 수락할 수 있다. [수락Accept] 을 클릭하면 바로 작품이 판매된다.

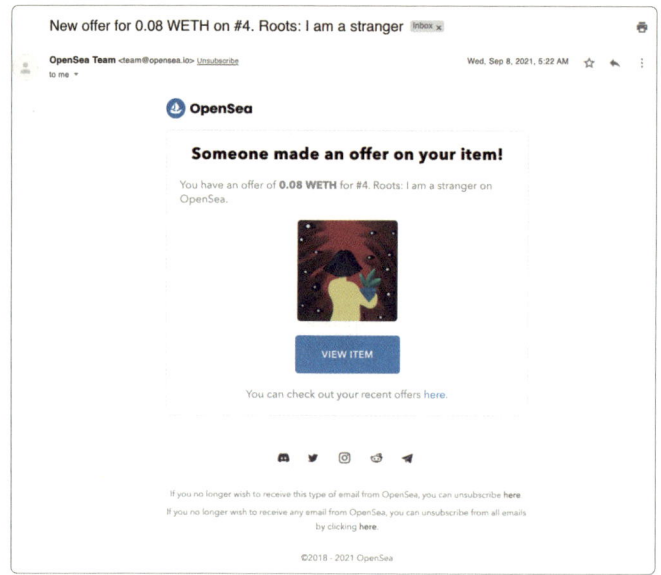

오픈씨의 오퍼 알림 메일. 작품 페이지에서 오퍼를 수락할 수 있다.

　제안을 수락하면 가스비가 발생하므로, 지갑에 가스비를 지불할 만큼 충분한 이더가 들어있는지 미리 확인하자!
　컬렉터가 제시한 가격이 마음에 들지 않을 때는 오퍼를 거절하면 된다. 오픈씨는 2022년 1월 기준, 따로 오퍼 '거절' 기능이 없기 때문에 크리에이터가 3일 동안 오퍼를 수락하지 않으면 자동으로 취소된다.
　3일 동안 수락하지 않으면 해당 작품의 기록에 제안이 만료Expired 되었음을 알리는 문구를 찾을 수 있다.

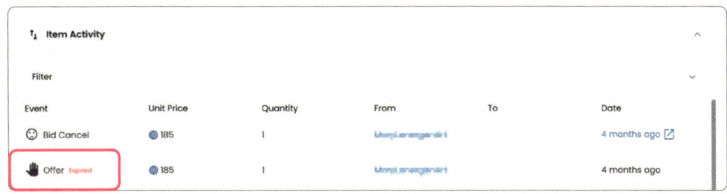

Expired는 오퍼가 만료되었음을 의미한다.

판매의 기쁨을 널리 알리자

작품을 통해 컬렉터와 새로운 관계를 형성하고, 작품을 판매한 기쁜 소식을 혼자만 알고 있기는 너무 아깝다. 기쁨은 나누면 두 배가 된다고 했듯이, 활동 중인 커뮤니티와 소셜 네트워크 플랫폼을 통해 널리 알리자.

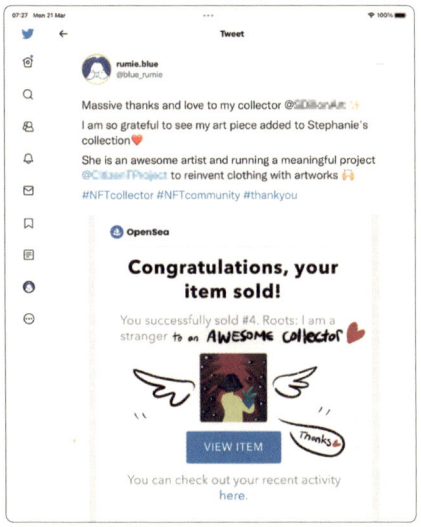

컬렉터 중에는 알려지기를 원하지 않는 경우도 있으니, 만약 소셜 네트워크 계정을 태그할 생각이라면 컬렉터에게 꼭 물어보자.

NFT 크리에이터로 성장하고 있는 우리. NFT 작품을 세상에 선보이며, 웬만한 도전이나 실험은 무섭지 않을 만큼 NFT 세계에서 내공을 쌓았다. 많이 알수록 더 많이 보이는 법. NFT 세계를 알고 나니까, 더 큰 세계가 크리에이터를 기다리고 있다.

NFT 크리에이터의 다음 여행지는 메타버스다.

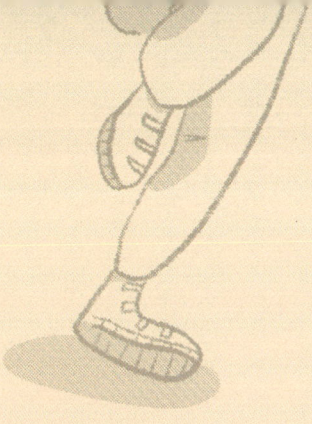

점프하기
◆◆◆◆
메타버스로 가자!

지금까지 앞만 보며 씩씩하게
NFT 새내기의 여정을 걸어왔다.
그렇다면 이 다음은?
이번엔 메타버스로 가자!

이 장에서 다루는 내용

❶ 메타버스에서 컬렉터를 만나다
❷ NFT 그 너머, 메타버스로 가는 길
❸ NFT 새내기의 여정을 되돌아보며

1

메타버스에서
컬렉터를 만나다

생소한 NFT 세계에서 새내기 티를 벗기 시작한 우리. 도전하는 마음가짐과 행동력 덕분에 크리에이터로서 성장할 수 있는 내공을 키웠다. 더 멀리 점프하고 싶은데, 어디로 뛰어 볼까?

NFT 세계 그 너머, 더 넓은 메타버스로 떠나보자!

메타버스metaverse는 현실과 연동된 3차원 가상세계를 말한다. 최근에는 거대 테크 기업들도 하나둘 메타버스로 진출하고 있다. 페이스북은 이름을 메타Meta로 바꾸고, "Metaverse first"를 선언했다. 아디다스는 BAYC와 협업해서 <Into the Metaverse> 프로젝트를 선보이며 NFT 컬렉터들에게 가상세계와 현실에서 동일하게 사용할 수 있는 패션 아이템을 제공한다고 밝혔다. 삼성전자는 2022년 1월 새해가 되자마자 디센트럴랜드에 플래그십 스토어 '삼성 837'을 선보이기도 했다.

과연 NFT 크리에이터는 무엇을 할 수 있을까? 메타버스의 잠재력을 직접 체험할 기회가 없어 안달복달하던 차에 3차원 가상 갤러리에 내 NFT 작품을 전시할 기회를 만났다. 그리고 비로소 메타버스의 매력을 실감할 수 있었다.

현실과 가상세계를 연결하는 메타버스를 어떻게 체험했는지, 컬렉터와 만나게 된 이야기부터 시작해보자.

가상 갤러리에 NFT 작품을 전시하다

2021년 6월, 트위터로 메시지를 받았다. 그는 자신을 컬렉터이자 큐레이터라고 소개하며, 〈퍼플 컬렉션Purple collection〉이라는 주제로 작품을 모아 가상 갤러리에 전시할 계획이라고 했다. 당시 나는 《Future Couple》 컬렉션을 열심히 홍보하고 있었는데, 그는 내 《Future Couple》 컬렉션의 세 번째 에디션인 <#3. Before sunrise>에 대해 더 자세히 알고 싶다며 메시지를 보낸 것이었다.

세상에! NFT 작품을 구매하기 전에 직접 메시지로 구매 의사를 밝힌 컬렉터는 처음이었다. 두근대는 심장을 애써 진정시키면서 작품을 소개했다. 왜 이 작품을 그리게 되었는지 꽤 길게 설명했는데 컬렉터는 내 이야기를 끝까지 읽어주었을 뿐만 아니라, 작품에 담긴 의미를 진심으로 공감해주었다. 컬렉터는 대화가 모두 끝난 후에 바로 내 작품을 구매하고, 이 작품을 구매하게 되어서 기쁘다고 말해주었다.

컬렉터는 큐레이팅한 작품으로 가상 갤러리 온사이버OnCyber에서 전시회를 한다며 오프닝 파티에 나를 초대했다. 작가가 작품을 직접 소개하는 자리가 마련되어 있으니 꼭 참석해달라는 말을 덧붙이곤 초대 링크를 두 개 보내주었다. 하나는 클럽하우스 링크였고, 나머지 하나는 온사이버의 링크였다. 두 공간에서 동시에 열리는 파티였던 것이다! 설레는 마음으로 파티가 열리는 날만을 기다렸다. 온사이버는 어떤 곳일까? 알아보자.

가상 갤러리 온사이버

온사이버OnCyber는 메타마스크 지갑을 연결하면, 지갑에 보유한 작품을 3D 가상 공간에 전시할 수 있는 무료 가상 갤러리 플랫폼이다. 3차원 공간에서 1인칭 시점으로 방향키를 조작해서 전시 공간을 돌아다니며 작품을 감상할 수 있다. 작품을 클릭하면 NFT 마켓플레이스 플랫폼 주소로 연결된다. 개인 지갑을 연결하고, 무료로 제공되는 갤러리 디자인 중 마음에 드는 옵션을 선택하면 작품을 원하는 위치에 전시할 수 있다.

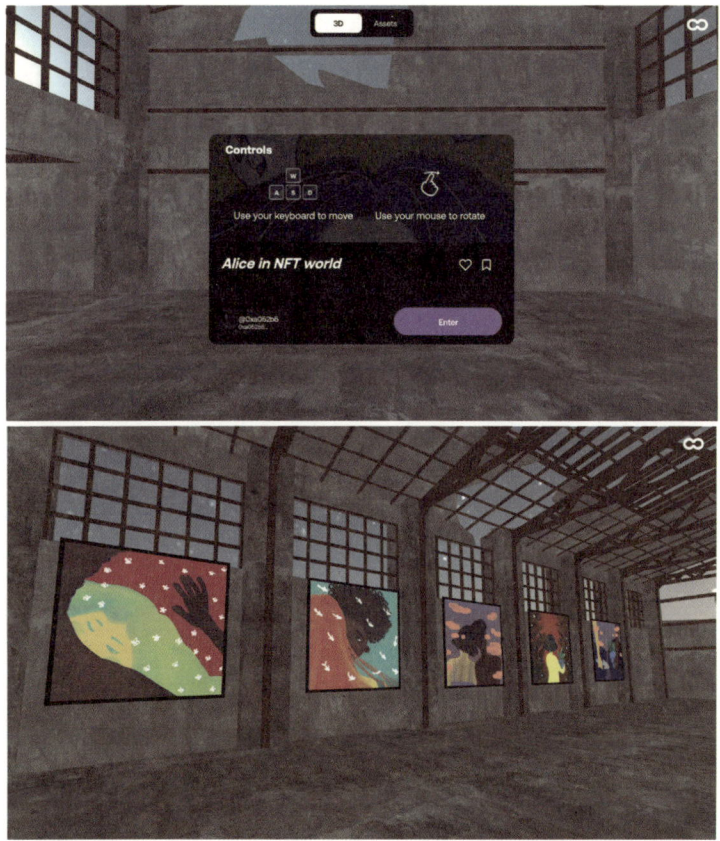

온사이버가 제공하는 가이드를 따라 하면 아주 쉽고 간단하게 내 작품으로 갤러리를 만들 수 있다. 원하는 위치에 원하는 순서대로 작품을 배치할 수 있어서 관람객은 큐레이터의 의도대로 흐름에 따라 작품을 감상할 수 있다.

나만의 작품으로 꾸민 가상 갤러리를 만들면 홍보하기도 편하다.

포트폴리오나 작품 소개를 요청하는 컬렉터 및 큐레이터에게 가상 갤러리 링크를 전달하면, 오픈씨 플랫폼 주소를 보내는 것보다 더 효과적으로 내 작품을 보여줄 수 있다.

온사이버 플랫폼은 갤러리를 다양한 분위기로 꾸밀 수 있도록 여러 가지 디자인 테마를 무료로 제공한다. 무료 테마도 좋지만, 크리에이터가 원하면 직접 공간을 설계하고 디자인해서 온사이버에 요청할 수도 있다. 종종 온사이버에서 한정판 갤러리 테마를 제작 및 판매하기도 하니까, 인테리어나 공간 디자인에 관심이 있는 크리에이터라면 온사이버 홈페이지에 문의해보자.

온사이버 가상 갤러리는 메타버스일까?

메타버스는 단순히 게임 속 세계 같은 가상공간이 아니라, '가상공간으로 확장된 현실 세계'다. 메타버스 활동은 현실 세계에서 일어나는 일상적인 행위의 연장선이라는 것이다. 즉, 현실과 가상의 연결이 핵심이다. 그렇다면 3차원 가상공간에 펼쳐진 갤러리는 어떤 면에서 현실 세계와 가상공간의 연결을 이루고 있다고 할 수 있을까?

온사이버 갤러리에 사람들이 모이고, 클럽하우스 같은 소셜 네트워크 플랫폼을 사용해 다른 크리에이터와 실시간으로 만나 이야기를 나누었다. 현실 세계의 크리에이터가 가상공간에서 서로 대화를 나누는 행동은 현실과 연결된 일상의 연장이다. 그러므로 온사이버를 통해 메타버스를 체험할 수 있다고 생각한다.

눈으로는 가상 갤러리에 전시된 그림들을 구경하고, 귀로는 전시에 초대받은 크리에이터의 작품 설명을 듣고, 입으로는 컬렉터와 실시간으로 대화하다 보니까 어느새 가상공간과 현실 세계에 내가 공존하고 있었다. '루미블루'라는 존재가 두 공간에 동시에 존재할 수 있다면, 그게 바로 메타버스의 경험이라고 생각한다.

메타버스에는 국경도, 시차도 없다. 가상 갤러리에 영국, 한국, 미국, 프랑스, 전 세계의 작품이 모였다. 각 작품의 크리에이터가 시차를 넘어 한자리에 접속하여 한마디씩 소감을 나눴다. 현실 세계의 시공간적 제약이 사라진, 초월적인 세계가 진짜로 구현되고 있었다.

메타버스 전시를 기념하는 특별한 오프닝 파티를 마치면서, 이런저런 생각이 들었다. 온사이버는 가상 갤러리 내에 채팅 기능이 없는 탓에 갤러리를 방문한 다른 사람들과 소통하려면 클럽하우스 같은 다른 채팅 플랫폼을 사용해야 한다. 또 갤러리 공간을 소유한 사람만 갤러리를 꾸밀 수 있기 때문에 공동으로 큐레이팅 할 수도 없다. 갤러리의 URL 주소를 모르면 다른 갤러리로 이동할 수도 없어서 완전한 메타버스 체험이라고 하기엔 약간 아쉬운 면이 있다. 이를테면, '닫힌 공간'이랄까?

가상공간에서도 자유롭게 여러 갤러리를 방문할 수 있다면 좋을 텐데. 사람들과 실시간으로 소통할 수 있는 '열린' 플랫폼이 있지 않을까?

열린 메타버스 크립토복셀과 디센트럴랜드

열린 메타버스는 어떤 특징이 있을까? 플랫폼이 현실 세계처럼 자연스러운 경험을 제공하려면 세 가지 조건이 필요하다. 1. 아바타, 2. 오픈 맵, 3. 커뮤니케이션.

즉 나만의 정체성이 담긴 아바타를 만들 수 있고, URL이나 좌표 없이도 자유롭게 공간 이동할 수 있으며, 사용자끼리 문자 또는 목소리로 소통할 수 있어야 한다.

이러한 특징을 갖춘 열린 메타버스 플랫폼은 어떤 것들이 있을까? 2021년 여름, NFT 전시 <*CAWA>에서 '크립토복셀CryptoVoxel'과 '디센트럴랜드Decentraland'에서 열린 메타버스를 체험할 수 있었다.

크립토복셀과 디센트럴랜드는 현실 세계를 가상공간에 그대로 옮겨 놓은 듯 '있을 건 다 있는' 세계를 구현한다. 바다, 강, 산 등 다양한 지형이 존재하고, 토지의 소유권을 사고 팔 수도 있으며, 땅을 사서 그 위에 건물이나 조형물을 세울 수도 있다. 심지어 가상공간에 세운 건물 루프탑에 거대한 광고판을 만들어서 광고주에게 임대료를 받고 계약 기간동안 광고를 게시하기도 한다.

두 플랫폼에서 공통적으로 느낀 메타버스 플랫폼의 특징을 정리해 봤다.

---

* CAWA(Crypto Art Week in Asia): https://www.cryptoartweekasia.com/

1. 가상공간의 또 다른 '나', 아바타

아바타는 독자적인 정체성을 지닌 가상공간의 또 다른 '나'로 현실 세계와 같은 자연스러운 생활 양식을 갖는다. 크립토복셀과 디센트럴랜드에 지갑을 연결하면 아바타를 만날 수 있다.

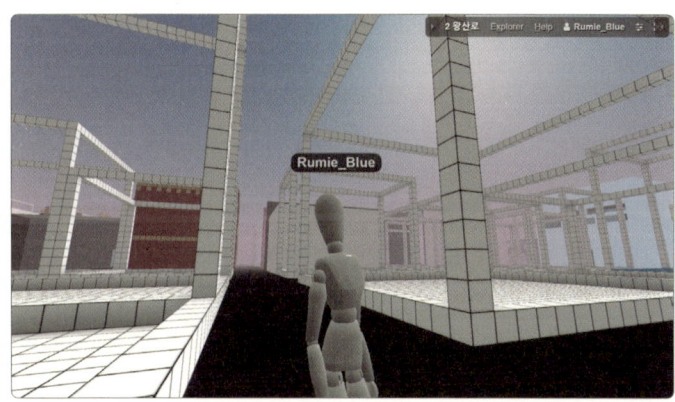

크립토복셀

디센트럴랜드

2. 자유로운 공간 이동

크립토복셀과 디센트럴랜드를 방문한 사용자는 아바타를 컨트롤해서 가상공간을 자유롭게 다닐 수 있다. 광활하게 이어진 맵map을 여행하려면 걷거나 뛰는 것만으로는 힘들다. 가상세계의 아바타는 하늘을 날거나, 텔레포트teleport를 사용하여 원하는 위치로 바로 이동한다.

한번은 크립토복셀에서 바다에 빠졌는데, 온통 파란 화면이라 길을 잃은 적도 있다. 날지 못했다면 바다에서 헤엄쳐 나오기 힘들었겠지만, 현실 세계 수준의 자유도가 주어지는 오픈 맵의 매력을 체험할 수 있었던 재미있는 경험이었다.

3. 언어와 비언어로 소통하기

메타버스에서는 다른 사용자와 채팅 기능으로 실시간 소통할 수 있다. 춤을 추거나 머리 위에 이모티콘을 띄우는 등 비언어적인 의사소통도 가능하다. 다른 아바타에게 다가가 손을 흔들면 친절하게 채팅을 걸거나, 바삐 제 갈 길을 가는 등 현실과 비슷한 반응을 보여준다.

4. 패셔니스타가 모두 모였다

아바타에 복셀voxel 또는 3D 모델3D model로 만든 웨어러블 아이템을 착용한 사용자도 많다. 웨어러블 아이템은 직접 만들기도 하고, 웨어러블 아이템을 판매하는 매장에서 구입할 수도 있다. 현실 세계에서처럼 매장에서 옷을 입어보고, 마음에 들면 클릭해서 구매하면 된다.

CAWA에 참여한 기간 동안 메타버스 전시를 체험하며 세계의 다양한 NFT 크리에이터를 실시간으로 만났다. 시간이 지날수록 점점 더 메타버스가 가까워지는 것을 느낄 수 있었다. 여기저기를 다니며 구경하고, 매장에서 옷과 액세서리를 착용하는 내 모습이 현실 세계와 다를 것 없었기 때문이었다.

어떤 옷과 악세서리를 착용해볼까 가상 공간에 진열된 아이템을 구경하다가, 마치 현실 매장처럼 옷을 고르는 상황이 문득 신기했다. 가상공간에서도 자유롭게 공간을 탐험하며 아바타를 꾸미는 자연스러운 일상이 이어지고 있었다. 덕분에 메타버스가 훨씬 더 가깝게 느껴진다.

많이 알수록 많이 보이는 법이라고, 크리에이터로서의 '나'도 더 넓고 깊은 세계로 발길을 뻗어가고 있다. 다음 장에서는 NFT 크리에이터의 세계관을 메타버스로 확장하고, 메타버스에서 작품 활동을 이어나가는 방법에 대해 살펴보자.

NFT 그 너머,
메타버스로 가는 길

NFT 크리에이터에게 메타버스는 무한한 기회의 장이다. 앞으로 얼마나 더 놀라운 일이 벌어질까? 가상세계가 더욱 활성화된 미래를 엿볼 수 있는 SF 영화를 하나 소개한다.

〈레디 플레이어 원Ready Player One, 2018〉은 다가올 미래인 2045년을 배경으로 한 SF 영화다. 영화는 가상세계 '오아시스OASIS'를 주요한 소재로 다룬다. 오아시스는 사용자에게 놀라울 정도로 높은 자유도를 보장한다. 외모를 마음대로 바꿀 수도 있고, 게임 머니를 현실에서 사용할 수 있을 정도로 경제적 기반도 탄탄하다. 전 세계의 수많은 사람들이 오아시스에서 단순히 오락을 즐기는 것을 넘어 경제 활동을 하고, 심지어 대부분의 시간을 오아시스에서 보낼 만큼 영화는 가상

세계를 거대한 생활 공간으로 묘사한다.

2022년인 현재, 오아시스는 멀리 있지 않다. 벌써 메타버스는 현실 세계와 가상세계를 나란히 연결하며 서서히 기반을 갖추고 있다. 실제로 메타버스에서 개인이 창작 활동을 통해 이익을 창출하는 사례가 점점 늘어나고 있다. 개인의 경제 활동이 가능하다는 점을 증명했을 뿐만 아니라, 여러 기업이 사업 가능성을 인정하여 메타버스 사업에 뛰어들었다.

〈레디 플레이어 원〉을 보고 나니 현실의 제약에서 벗어나 가상세계에서 멋진 플레이를 하는 주인공의 모습이 가장 기억에 남는다. NFT 세계에서 플레이할 준비가 된 NFT 새내기들은 소비자에 머물지 않고 스스로 크리에이터가 되지 않았나? 우리의 관심은 가상세계의 창조자인 크리에이터에게로 옮겨간다.

어쩌면 메타버스는 아직 태동 중인 3차원의 거대한 캔버스일지도 모른다. 빈 캔버스를 보면 크리에이터의 창작 욕구가 끓어오르는 것이 인지상정! 우리 지금부터 외쳐보자.

'레디, 크리에이터 원!'

메타버스 생태계에 필요한 새로운 역할들

메타버스도 현실 세계와 마찬가지로 다양한 사회적 역할을 수행하는 사람들이 모여 구축된다. 메타버스의 구성원들이 어떤 일을 하는지 살펴보자.

2018년에 개봉한 영화
〈레디 플레이어 원(Ready Player One)〉

토지 소유자	가상세계의 토지를 소유한 사람이다. 쉽게 말해 땅 주인.
건축가	빌더(builder)라고도 부른다. 가상세계의 공간을 디자인하고 건물과 조형물을 설계한다.
큐레이터 curator	NFT 아트 갤러리 등 전시를 기획하고, 작품과 크리에이터를 찾아 큐레이팅한다.
디자이너	가상세계에서 착용 가능한 웨어러블 아이템을 디자인하고 판매한다.
모더레이터/ 호스트 moderator/host	메타버스에서 파티나 갤러리가 기획되면 종합적인 행정과 홍보를 맡는다.
인플루언서 influencer	개성 있는 아바타와 활발한 활동으로 다른 사람들에게 영향력을 발휘한다.

 이외에도 다양한 역할이 필요하지만, 특히 생산 활동에 주력하는 대표적인 역할을 소개했다. 요즘 메타버스에서 활동하는 크리에이터는 한 가지 역할에만 국한되지 않고, 자기만의 재능을 살려 1인 다역을 소화하는 경우가 많다. 패션에 일가견이 있는 디자이너가 동시에 인플루언서로도 활동하는 식이다.
 현실에 없는, 메타버스에 특화된 새로운 역할이 창조되기도 한다. 최근에 들은 바로는 '아바타 드라마 프로듀서'가 나타났다고 한다. 이

름에서 알 수 있듯, 가상세계의 아바타가 출연하는 드라마를 제작하는 사람이다. 정말이지 크리에이터의 상상력은 끝이 없다.

곧 있으면 풀타임 메타버스 크리에이터를 직업으로 삼는 사람들이 흔해질지도 모른다. 가까운 미래에는 메타버스에서 얻은 수익으로 현실의 삶을 100% 영위할 수 있을 것이라는 말이다. 메타버스 크리에이터는 어떻게 경제력을 발휘할까? 무슨 일을 해서 수익을 창출하고, 어떻게 일할까?

성장하는 크리에이터 이코노미

크리에이터의 창작물이 직접적인 수익 창출의 수단이 되는 산업 형태를 크리에이터 이코노미creator economy라고 한다. 유튜브 크리에이터나 인스타그램 인플루언서가 크리에이터 이코노미의 좋은 예다.

*'웹 3.0' 또는 '인터넷 제3의 물결'과 함께 크리에이터 이코노미도 빠르게 성장할 수 있다는 예측이 여기저기에서 나오고 있다. 우리가 일상에서 만나는 유튜브 크리에이터나 인스타그램 인플루언서의 수가 눈에 띄게 많아진 걸 보면 정말 크리에이터들의 경제 활동이 활발

---

* **웹 3.0**: 탈중앙화된 웹 서비스를 뜻한다. 인터넷은 콘텐츠 제공자가 사용자에게 일방향으로 서비스를 제공하는 웹1.0을 거쳐, 사용자 간의 정보 공유가 가능한 웹2.0세대까지 진화했다. 다만, 웹2.0은 플랫폼을 매개로 하기 때문에 '중앙화'된 서비스 구조이므로, 사용자가 제작 및 공유하는 콘텐츠에서 발생하는 수익도 플랫폼이 중앙적으로 관리하는 점이 단점으로 대두되었다. 웹 3.0은 콘텐츠에서 발생한 수익이 플랫폼을 거치지 않고 사용자에게 돌아가는 탈중앙화 웹 서비스를 추구한다.

해지고 있나 보다.

크리에이터 이코노미의 장점은 콘텐츠 소비자가 크리에이터에게 직접 콘텐츠 사용료를 지불한다는 점이다. 크리에이터는 소비자의 반응을 아주 가까이서 관찰할 수 있고, 어떤 콘텐츠의 반응이 좋은지 쉽게 파악할 수 있다. 그러다 보니 크리에이터는 소비자가 원하는 콘텐츠를 지속적으로 생산하는 데 집중하게 된다.

소비자와 크리에이터 사이에 중간 역할을 하는 직업이나 사업이 약화될 것이라는 전망도 있지만, 개인적으로 메타버스 전시나 이벤트를 통해 큐레이터나 갤러리 오너들과 소통하면서 그들의 역할이 메타버스로 확장된다고 받아들이는 게 더 현실적인 방향이라고 생각한다.

메타버스와 웹3.0의 등장은 어떤 직업이나 역할의 소멸을 의미한다기보다, 시대의 변화에 따른 사회적 진화와 적응의 필요성을 요구한다. 각자 강점은 증폭시키고, 약점은 보완해서 변화에 적응하며 지속적인 경제 활동이 이루어질 거라고 예상한다.

크리에이터들이 활발하게 경제 활동을 하는 것을 보니 또 하나를 발견하게 됐다. 메타버스에서는 수익을 창출하면서도 창작 활동을 즐기는 'playfulness'의 감성이 생산 활동 전반에 스며들어 있다.

게임 산업에서는 이 개념이 '게임을 하면서 돈을 번다'는 의미로 'P2E'라 불리며, 이미 NFT 세계에도 잘 알려져 있다. P2E에 대해 더 알아볼까?

P2E를 실현하는 디지털 노마드

P2E는 게임 산업에서는 그리 새로운 개념이 아니다. '게임하면서 돈을 번다'는 뜻의 P2E(Play to Earn)는 게임을 통해서 획득한 아이템 또는 게임에서 제공한 자산으로 플레이어가 생산한 아이템을 거래해서 수익을 창출하는 것을 말한다. P2E는 가상자산 거래가 게임 플랫폼에 적극적으로 도입되면서 더욱 활발해졌다. P2E가 게임의 사행성을 조장하는 것을 방지하기 위해 최근에는 '게임도 하고, 돈도 번다'는 개념의 P&E(Play and Earn)를 추구하는 문화가 생겨나고 있다.

메타버스에도 P2E(또는 P&E)의 개념을 확장·적용해볼 수 있다. 한 가지 예를 들어보자. 크립토복셀에서 NFT 크리에이터가 마음에 드는 패션 아이템을 입어보고, 자기가 직접 웨어러블 아이템을 제작해서 NFT 마켓플레이스 플랫폼을 통해 거래하여 수익을 현금화했다고 상상해보자.

크리에이터가 크립토복셀 가상공간에서 패션 아이템을 착용하는 과정은 플레이어가 플랫폼에서 주어진 콘텐츠를 가지고 노는 것$_{play}$이다. 반면, 크리에이터가 *복셀 메이커를 사용하여 웨어러블 아이템을 제작 및 판매하여 수익$_{earn}$을 낸다면, 이는 크리에이터 이코노미가 실현된 것이다.

---

* **복셀 메이커**(voxel maker): 3차원 픽셀 형태로 자산을 디자인하고 편집할 수 있는 디지털 툴이다. 크립토복셀 웨어러블 아이템은 여러 툴을 이용하여 제작할 수 있으며, 새내기를 위해 무료로 제공되는 매지카복셀(MagicaVoxel) 툴을 많이들 사용한다.

〈레디 플레이어 원〉의 주인공은 컨테이너로 만든 임시 건축물에 살면서도 오아시스의 레이싱 경주에서 우승해 상금을 탄다. 3차원 가상세계에 접속하기 위한 기기만 있으면 현실 세계의 물리적 제약은 거의 고려할 필요가 없는 것이다.

P2E가 안정적인 수익 창출 방식으로 자리 잡는다면 메타버스에서 창작과 경제 활동을 모두 할 수 있다. 그러면 현실적인 거주 문제가 사라지고 *디지털 노마드 라이프스타일을 실현할 수 있게 된다. 원하는 도시에 살면서 게임하듯 즐겁게 돈을 벌 수 있을 것이라고 한다면 너무 낙관적인 생각일까?

가상세계에서 창작 활동을 이어나가며 경제력까지 키울 수 있다면 얼마나 좋을까. 그 미래가 멀리 있지 않음을 나는 믿는다.

메타버스에서 내 집 마련을 꿈꾼다면

메타버스에도 부동산 개념이 존재한다. 주인 없는 토지의 소유권을 구매하거나, 경매를 통해 낙찰받거나, 땅 주인이 되고 난 후에는 플랫폼으로부터 해당 토지 소유권을 분양 받아서 원하는 건축물을 세울 수 있다.

---

* **디지털 노마드(digital nomad)**: 디지털 유목민이라고도 한다. 인터넷이 연결된다면 언제 어디서나 일할 수 있는 사람을 말한다. 여러 도시를 여행하며 일과 여가를 즐기는 라이프 스타일을 추구한다.

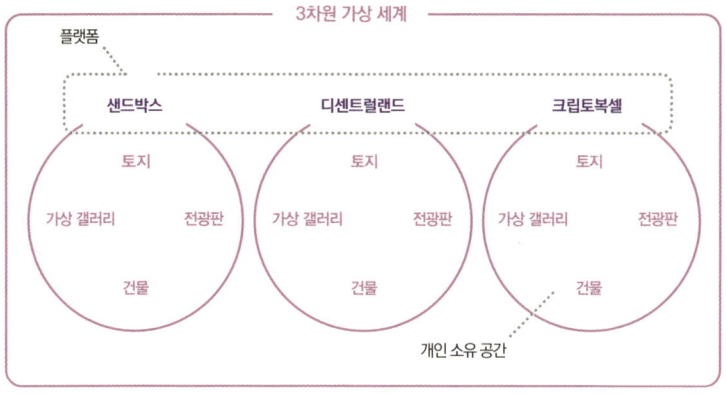

한 가지 아쉬운 점은, 현재 가상 공간을 제공하는 플랫폼들이 각 플랫폼 안에서만 공간을 소유할 수 있고, 플랫폼 간의 공간 연결은 불가하다는 점이다.

대표적인 열린 메타버스인 샌드박스Sandbox, 디센트럴랜드Decentraland, 크립토복셀CryptoVoxel 모두 각각 플랫폼 에서만 공간의 소유권이 인정된다. 따라서, 어떤 플랫폼의 부동산을 가지고 있는지에 따라 활동할 수 있는 공간과 경제 활동이 국한된다.

예를 들어볼까? 한 크리에이터가 샌드박스의 가상 부동산을 소유하고 있다고 상상해보자. 소유한 토지에 멋진 웨어러블 아이템 쇼핑몰을 만들었다. 이 쇼핑몰을 다른 크리에이터에게 대여해주는 임대사업을 해보려고 한다. 그런데 다른 크리에이터들이 모두 크립토복셀에서만 모여서 놀고, 샌드박스의 쇼핑몰에 관심을 주지 않는다면? 샌드박스의 쇼핑몰로는 수익을 창출하기 어려울 것이다. 사람이 몰리지 않으면 소유한 공간이 의도한 역할을 해낼 수 없다.

크립토복셀 유저들이 샌드박스 쇼핑몰로 찾아갈 수 있다면 좋을 텐데. 현재 메타버스 플랫폼 생태계는 통합된 하나의 월드가 없다. 플랫폼 간의 이동이 불가능하기 때문에, 어떤 플랫폼에서 활동할지 크리에이터가 선택해야 한다. 여러 플랫폼에 공간을 소유할 수 있다면 제일 좋겠지만, 모든 플랫폼을 관리하는 것도 부담스러운 일이다.

플랫폼의 특성과 규모를 고려해서 신중하게 토지를 구매하자. 현실 세계에서 가게를 열기 전에 터를 보고 위치를 선정하는 것과 비슷하다. 자리마다 사람들이 얼마나 모이는지, 주변에는 어떤 시설이 있는지 등을 따져보고 가게 위치를 선정하듯 메타버스에서 땅을 살 때 어떤 용도로 공간을 사용할지 미리 구상하고 결정할 필요가 있다. 영화처럼 단 하나의 가상세계 오아시스만 존재한다면 참 쉬울 텐데.

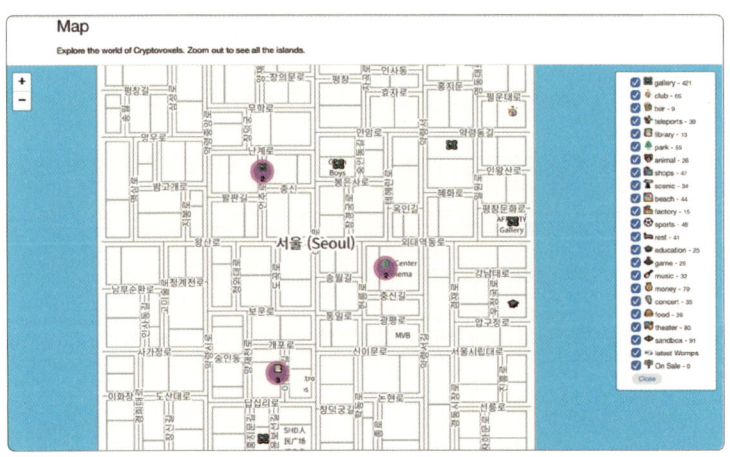

크립토복셀 맵. 유동 인구와 상가가 밀집되어 있는 곳을 확인해보자.

최근 메타버스 산업에 뛰어든 삼성, 아타리Atari, 제페토Zepeto등 유명 기업이 가상 부동산을 선점해서 판매된 토지 주변까지 가격이 많이 오른 상태다. 메타버스 공간을 소유하고, 그 위에 내 집을 세우고 싶은 마음은 굴뚝같지만… NFT로 이제 막 소소한 수익을 얻기 시작한 나에게 아직 메타버스 내 집 마련은 먼 미래의 일이다.

설마… 이러다가 메타버스에서 집도 없이, 춥고 배고픈 처지에 놓이게 되는 건 아니겠지?

메타버스에서 아바타가 느끼는 배고픔이나 추위의 감각이 현실 세계의 나에게 연결되면 어떨까? 문득 위험한 상상이 들었다. 에이, 설마. 가상세계와 현실 세계의 신체적인 감각까지 연결되려고!

현실과 가상세계의 감각을 연결하는 뇌-기계 인터페이스

<레디, 플레이어 원>에는 아직 현실에 구현되지 않은 기발한 아이템이 있다. 영화에서 악당으로 등장하는 IOI 기업이 개발한 플레이어 전용 VR 슈트이다.

IOI의 VR 전용 슈트는 플레이어의 신체와 아바타를 연결하여 가상 세계에서 느끼는 감각을 현실에서 재현한다. VR 전용 슈트를 입고 오아시스에 접속해서 다른 아바타와 접촉하거나 가상세계의 물체와 충돌하면 촉감이 그대로 현실 세계의 신체에 느껴진다는 설정이다.

메타버스에서 엄청나게 호화로운 호텔 수영장에서 수영을 하는 아

VR 슈트를 입고 메타버스 속의 해변가로
여름 휴가를 떠나는 나의 모습을 상상해본다.

바타가 있다고 상상해보자. 시각적으로는 아름다울지 모르지만, 촉감이나 다른 감각은 현실 세계에서 경험한 수영장의 감각의 기억에 의존하여 상상하는 수밖에 없다. 만약 IOI가 개발한 VR 전용 슈트가 진짜로 존재한다면 메타버스에서 수영장이나 바다에서 정말 수영하는 것 같은 기분을 즐길 수 있을 거다.

나는 가상세계에서 감각을 재현하는 미래의 기술이 아직 멀리 있다고만 생각했다. 그런데 최근 *뉴럴링크의 임상 실험 계획 발표영상을 보고 깜짝 놀라고 말았다.

뉴럴링크가 개발 중인 뇌-기계 인터페이스는 뇌에 심은 칩을 통해 기계에게 명령을 내릴 수 있다. 그렇다면 반대의 경우도 가능할까? 컴퓨터가 가상 세계에서 아바타가 느낄 감각을 분석해서 뇌와 연결된 전극으로 보내 신체가 반응하도록 하는 거다. 어이쿠! 쓰고 보니 살짝 소름 돋는다. 신체가 컴퓨터에게 명령을 받는 미래 기술이 도래할 수도 있다는 건가?

메타버스 기술이 어디까지 발전할지 기대되면서도 조금 두렵다. 사람의 신체가 가상 세계와 공감하는 수준까지 발전할까?

미래를 상상하기 위해 영화를 본 건데, 오히려 현실과 미래가 얼마나 가까운지 실감하게 됐다. 크리에이터가 메타버스를 만들고 가꾸

---

*   **뉴럴링크(Neuralink)'**: 뇌-기계 인터페이스(brain-machine interfaces, BMIs)를 연구하는 바이오 스타트업이다. 뇌에 아주 작은 칩(chip)을 심어서 뇌에서 보내는 전파를 이용해 컴퓨터로 명령을 내리거나, AI의 도움을 받을 수 있는 장치를 개발 중이다.

는 역할을 할 뿐만 아니라, 경제 활동의 주역이 될 거라는 예측도 여러 사례를 통해 꽤 힘을 실어주었다.

이제 막 NFT 새내기를 벗어난 크리에이터에게 메타버스는 꿈과 희망이 넘치는 기회의 땅처럼 보인다. 상상하는 대로 구현할 수 있는 세계. 물론 지금은 기술력과 경제 구조로 인해 제한되어 있지만, 시간이 지나면서 점차 더 많은 것들이 가능해질 거다.

새하얀 캔버스 위에 거침없이 무엇이든 창조해내는 능력은 크리에이터에게 주어진 선물이다. 이제 막 크리에이터의 손길이 닿은 메타버스. 우리는 어떤 세계를 그리려는 걸까?

크리에이터가 자유롭게, 즐겁게, 마음껏 창작 활동하면서 경제적으로도 만족스러운 삶을 살 수 있는 세계를 우리 함께 만들어보자!

NFT 새내기의 여정을 되돌아보며

　　　　　　　　이 책의 마지막 글은 지금까지 걸어온 길을 되돌아보는 시간이다.

　NFT 새내기로 시작하여 메타버스에 다다르기까지 앞만 보고 전력으로 질주하느라 숨 고르기 할 틈도 없었을 거다. NFT 세계는 현실 세계보다 몇 배는 빠르게 돌아가기 때문이다. 그동안 아쉬운 일도, 잘한 일도 많았다. 책의 마지막 장을 덮기 전에 지금까지 걸어온 길을 돌아보자. 아쉬움을 달래고, 잘한 일은 칭찬하며 되돌아보면, 앞으로 또 어떤 도전을 해야 할지 길이 보일 거다.

"~해볼 걸" 특집

NFT 새내기로서 1년여 간의 여정을 되돌아보고 "아, 이렇게 할 걸!"하고 아쉬웠던 것들을 소개해본다. 후회는 없지만, 부족했던 점을 곱씹어보면 다음엔 더 잘 할 수 있게 될 테니까. 낯선 세계에 적응하느라 미처 실험하지 못했던 것들에 대해 담담하게 적어보았다.

1. 일찍 컬렉터가 되어볼 걸

오랫동안 타지에서 생활하다 보니 답답한 일도 생기곤 한다. 그때마다 나는 이 말을 떠올린다.

"Put yourself in someone's shoes."

다른 사람의 신발을 신어보라는 표현인데, 속뜻은 상대방의 입장에서 생각해보라는 말이다. NFT 작품이 판매되지 않아서 혼자 속을 끓이던 때에도 이 문장을 기억했으면 좋았을 걸.

어떤 작품을, 왜 구매하고 싶을까? 컬렉터의 마음을 알고 싶다면 실제로 컬렉터가 되어보는 게 가장 빠른 길이다. 나는 초기 예산을 몽땅 NFT 작품 준비와 가스비로 지출한 상태였기 때문에, 당장 작품을 구매할 수 있는 유동적인 이더가 없는 상태였다. 그때부터 작품을 하나라도 팔아서 그 수익으로 컬렉터 활동을 하겠다는 묘한 고집을 부렸다.

다행히 곧 고마운 컬렉터를 만나 작품을 판매했다. 지갑에 이더가 들어온 후에야 다른 크리에이터들의 작품을 컬렉팅하게 됐다.

 NFT 작품을 구매하겠다고 마음먹고 마켓플레이스 플랫폼을 둘러봤더니, 지금까지 크리에이터로만 활동했을 때보다 훨씬 많은 것을 신경 쓰게 되었다.

 크리에이터의 작품 세계는 무엇인지, 어떤 프로젝트를 진행중인지, 프로젝트 로드맵은 어떠한지…. NFT 작품을 직접 구매해보니 컬렉터의 시선으로 나의 작품들도 바라볼 수 있었다. 직접 작품을 구입해보고, 더 넓은 시야를 가진 크리에이터로 성장해보자.

2. 컬래버레이션에 도전해볼 걸

 NFT 커뮤니티 활동을 통해서 좋은 사람을 참 많이 만났다. 재미있는 이벤트에 참여하는 것도 좋았지만, 팀을 이뤄 협업하는 크리에이터들이 무척 부러웠다.

 가끔 오픈 카톡이나 트위터에서 컬래버레이션할 크리에이터를 모집하는 글을 보았지만, 항상 망설였다. 해외에서 생활하고 있다보니 공간의 제약도 있고, 시차도 있으니까 현실적으로 힘들겠지… 지레짐작만으로 포기했던 것이다.

 그때 포기하지 않고 도전했다면 더 많은 크리에이터들과 더 빨리 협업해볼 수 있었을 것이다. 언제부턴가 주변에는 컬래버레이션하는 크리에이터가 많아지고, 굵직한 프로젝트를 성공시켰다는 사례가 들려오면서 용기를 갖게 되었다. 이미 떠난 기회가 돌아오지는 않지만, 지금부터라도 더 적극적으로 기회가 있을 때마다 참여하려고 노력하고 있다. 재능 있고 열정적인 크리에이터들의 모임에 참여하고 마음이 맞는 사람들과 컬래버레이션하면서 NFT 세계에 대해 더 잘 알게 되었다.

3. 판매 전략을 다르게 해볼 걸

이더는 초기 비용이 많이 드는 가상자산이다. 비용이 부담된다면 이더 대신 폴리곤이나 클레이튼 기반으로 새내기의 첫 발을 떼는 건 어떨까?

어떤 가상자산을 기반으로 하는지 역시 작품 판매 전략이 될 수 있다. 내 초기 컬렉션인 《Alice in NFT World》와 《Future Couple》은 모두 이더 기반의 NFT 작품으로 가격은 모두 0.05이더 이상이다. 2021년 여름 무렵은 이더의 가치가 천정부지로 올랐던 시기였으므로, 0.05이더는 꽤 높은 가격이었다. 이제 막 유입된 새내기 컬렉터들에게 0.05이더 이상의 가격은 진입 장벽으로 느껴졌을 것이다.

비교적 가스비가 저렴한 폴리곤이나 클레이튼을 기반으로 작품을 판매했다면 가격에 대한 부담을 덜 수 있었을 것이다. 폴리곤이나 클레이튼 네트워크는 NFT 리스팅 비용이 거의 없기 때문이다. 그랬다면 다양한 스타일의 작품을 많이 민팅해서 컬렉터의 반응을 관찰하는 기회도 많이 만들 수 있었을 텐데. 다음 컬렉션은 폴리곤 또는 클레이튼 기반으로 런칭하는 것도 고려하고 있다.

"그래도 잘했어" 특집

아쉬운 점도 있지만, 그래도 NFT 새내기가 되길 참 잘했다고 생각하는 순간이 훨씬 더 많았다. 왜 좋았는지, 그리고 어떤 점을 잘 했다고 생각하는지 적어보았다. 가끔씩 힘들 때, 자신만의 칭찬 노트를 보면 다시 힘을 얻게 될 거다.

1. 크고 작은 경험을 기록하는 자세

요즘은 기록하는 습관을 기르는 중이다. 내 글이 누군가에게는 소중한 지식의 한 조각이 될 수 있을 것이라는 기대 때문이었다. NFT 아트가 막 알려지기 시작할 무렵, 국내에는 관련 정보가 매우 부족한 상황이었다. 그나마 얻을 수 있는 정보는 대부분 영어권 국가의 기사를 번역한 것이어서 비영어권 국가에서 활동하는 크리에이터들은 한 발 늦게 정보를 접할 수밖에 없었다.

재능 있고 뛰어난 크리에이터들이 '몰라서' NFT 세계에 접근하지 못하는 일이 없길 바랐다. 크리에이터로서의 경험이나 능력은 부족하지만 그래도 한 박자 빠르게 경험하고, 내 경험을 글로 공유하고 있다. 한 명이라도 많은 사람들이 보다 쉽게 NFT와 메타버스에 대한 정보를 접할 수 있길!

2. NFT 밖의 예술 세계로 나서기

현실 세계에서도 내 작품이 받아들여질까? 궁금한 마음에 여기저기에 전시 참여 지원서를 제출했다. 열심히 신청서를 작성한 덕분에 런던 <컨템퍼러리 아트>를 시작으로 밀라노 <컨템퍼러리 아트>전展에도 전시 제안을 받았다.

아쉽게도 일정이 맞지 않아서 밀라노에 작품을 출품하지는 못했지만, 해외에서 활동하는 한국 아티스트의 작품을 온라인 갤러리에 전시하는 *투룸매거진의 <쿤스트할레>에 작품을 열 점이나 전시하는 기회를 얻었다.

<쿤스트할레>전은 예술을 전공하거나, 활발하게 활동 중인 작가들이 참여한 프로젝트라 걱정되는 마음에 에디터에게 따로 메일을 보내기도 했다. 내 작품이 전시 취지와 잘 맞는지, 다른 작가들의 작품과 나란히 전시할 수 있는 수준인지, 확신이 없었기 때문이다. 다행히도 투룸매거진 에디터는 나의 걱정을 훌훌 털어버릴 만큼 따뜻한 답변을 해주었다. 나의 NFT 작품들이 누구나 이해할 수 있는, 접근하기 쉬운 작품이기 때문에 투룸매거진 쿤스트할레 전시에 선정되었다고 했다.

---

*   **투룸매거진**: https://www.2roommagazine.com 해외에서 거주하는 한국인들의 이야기를 담아 매월 알찬 내용을 전달한다. <쿤스트할레> 전시는 투룸매거진 2021년 9월호의 부록으로 소개되었다.

전시에 참여한 작가들과 화상 채팅으로 만나는 자리가 있었는데, 기준에 맞지 않는다고 비평을 들을까봐 많이 긴장했다. 감사하게도, 전시에 참여한 작가님들이 《Future Couple》 컬렉션에 담긴 이야기를 즐겁게 들어주었다. 다른 사람의 평가와 기준을 두려워하던 내게 투룸매거진 <쿤스트할레>는 크리에이터 활동에 확신을 주었던 소중한 경험이었다.

3. 내향적이어도 괜찮아, 조용히 네트워킹 하기

  나는 평소에 말하는 것보다 듣는 것이 편한 내향인이다. 클럽하우스에서도 발표를 할 일이 생기면 긴장해서 손에 땀이 나고, 목소리가 떨린다. 직접 대면하는 것도 아닌데 쑥스러워서 오픈 카톡 채팅방에서도 쉽게 새로운 사람에게 먼저 다가가지 못했다.

  초반에는 붙임성 있게 행동해보려고 했지만 날이 갈수록 억지로 외향적인 척 행동하기가 힘들어졌다. 다른 성격을 연기하는 것은 그만 두고 나답게 하기로 했다. 솔직한 모습으로 꾸준히 활동하다 보니 비슷한 성향의 크리에이터들을 만날 수 있었다. 편안한 마음으로 네트워킹하니 나에게도, 다른 사람들에게도 '루미블루'가 자연스럽게 받아들여졌다.

  NFT 세계에서 많은 사람과 활발하게 교류하는 것은 중요하다. 그렇지만 무리하게 성향을 꾸며내기보다는 나답게 다가갈 때 더 깊고 편안한 관계를 유지할 수 있다는 것을 느꼈다. 나처럼 내향적인 크리에이터들이 낯선 이들과 교류하는 게 부담스럽다는 이유로 네트워킹을 포기하지 않았으면 좋겠다. 편안하고 솔직하게 조금씩이라도 시도해보자.

고마운 사람들

이 책을 쓰며 고마운 사람들을 되돌아보게 되었다. 기꺼이 시간 내어 NFT 세계에 대해 가르쳐주고, 부끄러움 타는 내 손을 덥석 잡고 끌어당겨준 고마운 사람들, 겉으로는 내색하지 않았지만 조용히 곁을 내어준 동료 크리에이터들, 경력 없는 새내기 크리에이터인 나의 작품을 있는 그대로 아껴준 컬렉터들.

책의 출간을 응원하고 축하해준 작가님들께 감사 인사를 드린다. 이 책이 나올 수 있었던 건 제게 힘이 되어 주셨던 작가님들이 있었기 때문이에요. 정말 고맙습니다.

다시 2021년 3월로 돌아가서, NFT 새내기가 되겠냐고 묻는다면 나는 기꺼이 "예스!"를 외칠 거다. 가슴이 두근거릴 만큼 생소하고 새로운 세계에 다시 입장하는 기회가 내 인생에 얼마나 자주 찾아올까? NFT 세계와 만나면서, 크리에이터로서 또 다른 나의 모습을 발견하고 미래에 한 발 더 가까이 다가갔다.

닫는 글

새내기가 새내기에게 보내는 용기를 받아주세요.

2021년 3월부터 '루미블루'로 활동하며 매일 신나는 하루하루를 보냈어요. 눈 돌아가게 빠른 속도로 변하는 NFT 세계와 메타버스의 성장을 지켜보며 지루할 겨를이 없었죠. 어떻게 해야 이 물결에 나도 발을 담글 수 있을까 탐구하며 설레고 들떴습니다.

한편으로 NFT 크리에이터 활동이 쉽고 간편하다는 누군가의 이야기를 듣고 있으면, 이 세계는 나에게만 어려운 건가 고민하며 답답한 마음이 들기도 했습니다. 블록체인, 가상자산, NFT 모두 제게는 익숙하지 않았거든요. 낯선 개념, 새로운 플랫폼, 처음 시도하는 디지털 드로잉까지 모든 면에서 새내기였기 때문에 저만의 속도를 찾으려고 노력했어요.

NFT가 어렵고 생소해서 선뜻 도전하지 못하는 사람에게, 누구에게나 시작점이 있었다는 것을 기억하라고 말해주고 싶습니다. 느려도 되고, 서툴러도 됩니다. 그리고 의외로, 직접 부딪혀보면 깜짝 놀랄 만큼 술술 풀릴지도 모릅니다.

자세를 고쳐 앉고 작품을 마주했습니다.

NFT라는 세계를 알기 전까지 저는 그림을 취미라고 말해왔습니다. 해도 그만, 안 해도 그만이라는 생각으로 헐렁하게 해왔던 것이죠. 그러나 그건 진심과는 다른 말이었습니다. 작품에 대한 객관적인 평가와 더 좋은 작품에 대한 부담으로부터 도망치기 위해 비겁하게 굴었던 것 같아요. 취미라고 말하면 진지하게 임하지 않을 수 있으니까요.

NFT에 도전하면서 저는 크리에이터로서 작품을 그리기 시작했습니다. 그제서야 자세를 바로 하고, 작품을 마주보았던 것입니다. 크리에이터가 스스로의 작품에 당당하지 않다면, 어떤 컬렉터에게 사랑받을 수 있을까요? 제 작품을 좋아해주는 사람들이 점차 생겨나면서, 저는 지금껏 제 작품들을 함부로 대해온 것이 아닐까 반성하게 되었습니다.

앞으로 새로운 시도를 통해 발전하고, 부족한 점은 보완하며 더 나은 크리에이터가 되고 싶습니다. 크리에이터로서 저와 제 작품, 그리고 제 작품을 사랑해주는 사람들을 떳떳하게 마주하기 위해서요!

세상과 가장 가깝게 연결된 디지털 노마드

2020년, 세계보건기구가 팬데믹을 선언한 이후 영국에서의 제 일상은 전과 많이 달라졌습니다. 이동의 자유가 제한되고 직장은 원격근무를 시작했으며, 한국에 있는 가족과는 영상 통화를 하며 버틸 수

밖에 없었죠. 세상과 단절되어 있다는 느낌을 떨치기 어려운 날에는 미치도록 외롭기도 했어요.

NFT에 관심을 가지면서 커뮤니티 활동에 적극적으로 참여하고, 메타버스로 나아가 새로운 사람을 만나다 보니 다시 세상과 연결되었다는 느낌이 들었습니다. 메타버스라는 세상에서 물리적인 공간의 제약 없이 자유롭게 사람들을 만날 수 있다는 사실이 제겐 큰 위로와 즐거움이 되었어요. 어디에 사는지, 어떤 일을 하는지, 아무것도 묻지도 따지지도 않고 저를 크리에이터로서 존중해주었던 NFT 커뮤니티의 멤버들에게 고마운 마음을 꼭 전하고 싶습니다. 서툴렀던 첫 NFT 컬렉션부터 꾸준히 저를 응원해주었던 많은 사람들 덕분에 포기하지 않고 계속 앞으로 걸어갈 수 있었어요.

뚝딱뚝딱 미래로 가는 길을 만드는 크리에이터

저는 예측하지 못한 상황을 맞닥뜨리는 것이 두려워서 정보 수집에 최선을 다하는 편이에요. 그러다 보니 새로운 트렌드가 등장할 때마다 또 무언가 배워야 한다는 게 귀찮게 느껴질 때도 있습니다. 그런데 메타버스는 조금 다른 것 같아요. 크리에이터가 주도적으로 생태계를 만들어가는 중이거든요.

크리에이터 이코노미가 자연스럽게 형성된 메타버스에서 크리에이터는 단순한 창작자가 아닌 혁신가의 역할을 해내고 있습니다. 경영학자이자 미래 예측가인 피터 드러커Peter Drucker는 "미래를 예측하는 가장 좋은 방법은 미래를 창조하는 것"이라고 했습니다. 지금 가장 창의적인 미래를 창조하는 사람은 바로 여러분입니다.

대담한 NFT 새내기를 환영하며, 이 책을 마칩니다

이 책에 제 이야기를 담으며, 독자 여러분이 이 책을 통해 아주 작은 것이라도 시작할 수 있는 용기를 줄 수 있길 바랐습니다. 모든 것에 서툴렀던 저의 모습을 솔직하게 적어보았어요. 제가 했다면, 여러분도 할 수 있으니까요!

NFT 세계와 메타버스에 빠져 지내다 보면, 어느새 크리에이터로서의 내 세계가 현실과 가상세계의 경계를 허물고 훨씬 넓어진 것을 발견하게 될 거예요. NFT와 메타버스는 아직도 미지의 영역입니다. 우리가 마음껏 탐험하고 성장할 수 있는 드넓은 땅을 발견한 기분이 어떤가요? 상상하는 모든 것이 실현된 세계를 만들 준비가 되었나요?

각자의 개성을 뽐내며 존재감을 키워나가다 보면 저도 여러분과 언젠가 만날 수 있을 거예요. 메타버스에서 마주치는 그날까지, 잠시 안녕입니다!